互联网环境下
实体零售商业
模式重塑
基于顾客价值的视角

王 勇 ● 著

RESHAPING THE BUSINESS MODEL OF
PHYSICAL RETAILERS IN THE INTERNET ENVIRONMENT:
FROM THE CUSTOMER VALUE PERSPECTIVE

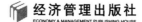

经济管理出版社
ECONOMY & MANAGEMENT PUBLISHING HOUSE

图书在版编目（CIP）数据

互联网环境下实体零售商业模式重塑：基于顾客价值的视角/王勇著 . —北京：经济管理出版社，2022.7

ISBN 978-7-5096-8567-9

Ⅰ.①互…　Ⅱ.①王…　Ⅲ.①零售业—商业模式—研究　Ⅳ.①F713.32

中国版本图书馆 CIP 数据核字（2022）第 118114 号

组稿编辑：张巧梅
责任编辑：张巧梅
责任印制：黄章平
责任校对：蔡晓臻

出版发行：经济管理出版社
　　　　　（北京市海淀区北蜂窝 8 号中雅大厦 A 座 11 层　100038）
网　　　址：www. E-mp. com. cn
电　　　话：（010）51915602
印　　　刷：唐山玺诚印务有限公司
经　　　销：新华书店
开　　　本：720mm×1000mm/16
印　　　张：13
字　　　数：204 千字
版　　　次：2022 年 8 月第 1 版　　2022 年 8 月第 1 次印刷
书　　　号：ISBN 978-7-5096-8567-9
定　　　价：88.00 元

序　言

随着我国互联网技术的兴起，网络零售的扩张和消费者需求结构的变化，对我国的实体零售业提出了前所未有的挑战，也导致众多实体零售企业开始日益关注自身的商业模式问题，并展开了一系列变革的尝试，具体包括拓展网络业务、整合供应链资源、线上与线下 O2O 运营等。然而，目前来看，很多商业模式变革的效果都不尽如人意或尚待检验，实体零售企业如何在互联网环境下调整自身的商业模式，仍然缺乏一个系统的思路和框架。

商业模式是一个企业价值创造的逻辑，涉及顾客价值、伙伴价值和企业价值三个维度。而在市场竞争的环境下，顾客价值的创造、传递和实现是整个商业模式构成的核心环节。

正是基于以上的客观现实，本书从顾客价值创造的视角，探索互联网环境下实体零售企业商业模式的系统性重塑问题。本书的研究内容主要包括理论研究、实证研究、案例研究和策略研究四大模块。在理论研究中，基于前人有关顾客价值、商业模式和零售发展的相关理论，从顾客价值的视角，提出了实体零售企业商业模式的顾客价值塑造、供应链整合和经营策略三大核心构成部分。在实证研究中，通过市场调研的方法，详细分析了互联网环境下实体零售企业的供应链整合、顾客价值塑造与沟通的内部机制。在案例研究中，通过对永辉、物美、苏宁、国美等代表性企业的深入分析，总结了互联网环境下实体零售企业供应链整合和经营策略变革的典型成功做法。最后，在政策研究中，本书从发展战略、商业模式创新、供应链整合和经营策略调整等角度对实体零售企业的未来发展提出了策略建议。

在本书的写作过程中，得到了北京工商大学商学院零售管理研究团队众多老师和同学的大力帮助，其中，刘文纲教授、李杨副教授、郑明赋老师和李文静老师对本书的整体框架和研究设计提出了很多宝贵的意见；古雪同学帮助收集和整理了大量的相关理论文献；杨斌杰同学帮助整理和分析了实体零售企业供应链逆向整合的相关理论和企业案例；齐海丰同学帮助实施了实体零售企业的顾客价值塑造与沟通的市场调研和实证分析。在此，笔者向各位老师和同学表示衷心的感谢。

当前我国的零售行业仍处于快速发展和变革的时期，各种新兴零售商业模式层出不穷。因此，零售商业模式的研究将是一个持续的过程。本书只是笔者对于零售商业模式的阶段性研究和思考的成果，而未来还有更多的话题值得深入探讨。在此，衷心希望我国零售领域的专家、学者和管理者能对本书多多批评指正，也欢迎大家共同交流，助力我国的零售行业更加健康稳定地发展。

目　录

第一章　绪论

一、研究背景

近年来，随着我国国民经济的快速发展，实体零售业的规模持续扩大，零售业态不断创新，对国民经济的贡献不断增强，然而互联网技术的兴起带来了网络零售的快速扩张和消费者需求结构的变化，对我国的实体零售业提出了前所未有的挑战。在此背景下，2016年11月，国务院办公厅出台了《关于推动实体零售创新转型的意见》，提出了调整实体零售商业结构、创新发展方式和跨界融合的总体发展思路。

面对互联网发展所带来的市场机遇与挑战，商业模式变革问题得到了大批实体零售商的关注（Sorescu等，2011；盛亚等，2015），包括王府井百货、苏宁、国美、物美等众多知名实体零售企业纷纷开始尝试商业模式革新，让互联网业务得到拓展，实现线上和线下相结合的商业模式（李玉龙和李雪欣，2015），并完成了从简单的商品买卖到开始重视消费者购物体验和满意度的转换。另外，通过"网络+实体"的商业模式，使得消费者与零售企业之间的交易模式发生了崭新的变化。但是依据现在的情况来看，商业模式变革的情况大多在成效方面差强人意，在线上和线下相结合的购物环境下，实体零售企业如何调整自身的商业模式，目前还没有一个系统的框架与思路。

首先，商业模式的本质是价值创造的逻辑，这是商业模式的本质所在，其中有三个方面的价值，涉及顾客、伙伴和企业（Amit 和 Zott，2001），而商业模式的基础与重心是产生消费者价值（原磊，2009；Teece，2010）；其次，商业模式是一个系统的过程（Afuah，2005；李飞，2019），互联网购物体验日新月异，实体零售企业的商业模式调整将是一个系统性的重塑过程。在前人研究的基础上，本书的研究正是针对互联网环境下的实体零售企业商业模式变革问题，从顾客价值的角度，探索传统的实体零售企业如何利用互联网的技术和思维，对自身商业模式的构成要素、供应链和经营策略进行系统性调整，进而实现自身的商业模式重塑。

（一）现实背景

1. 互联网环境下实体零售企业所面临的挑战

近年来，随着互联网技术的快速发展，以及我国居民生活水平的提高和购买习惯的转变，对我国众多传统的实体零售企业提出了诸多挑战。实体零售企业普遍存在着成本高却利润下降的情形。在此背景下，一些传统的实体零售企业的经营面临很大的困难，例如，物美商业从香港退市，云南本土的天顺超市关闭所有门店等；与此同时，也有一些实体零售企业在新的市场环境下，不断地调整自身经营战略和商业模式，取得了快速的成长，其中就包括大润发和永辉等线下超市企业，借助互联网技术实现了更加高效的管理和品牌推广。

（1）实体零售企业的关店潮。

近年来，互联网技术和互联网零售对传统实体零售企业的冲击日益显著，特别是进入 2010 年之后，随着我国消费者逐渐养成了网络购物的习惯，网络零售已经涉及耐用消费品、快速消费品甚至社区服务等多个领域，实体零售企业不可避免地受到了一系列冲击。在此背景下，很多实体零售企业由于经营业绩下滑，导致关店甚至倒闭，我国的实体零售业掀起了一波关店潮。例如，根据商联网的统计数据，2014 年国内主要零售企业共计关店 201 家；而到了 2015 年共有 833 家零售企业关闭。在这众多关闭的门店中，百货类零售企业关店 83 家，而超市类零售企业关店则高达 750 家；2016 年，又进一步关店 706 家。

（2）实体零售企业的持续低增长。

在互联网的冲击下，现有经营的各类实体零售企业同样面临很大的经营压力，导致近年来出现持续的低增长态势。根据国家统计局的数据，我国连锁实体零售企业在 2010 年之前一直保持较快的增长速度，商品零售总额在 2010 年增长率曾达到 23.15%，随后便开始下滑。与此同时，低增长的发展态势涉及了各种主要的实体零售业态，例如，2020 年，我国连锁百货业态的商品零售总额下滑了 12.39%，超市业态的商品零售总额下滑了 1.97%，专业店业态的商品零售总额下滑了 13.6%；仅有便利店和专卖店两种实体零售业态的商品零售总额实现了微弱增长，分别为 6.81% 和 3.31%。

（3）实体零售企业间的并购事件激增。

互联网的兴起催生了我国零售企业的"并购潮"，如阿里集团战略入股苏宁，京东入股永辉，苏宁收购家乐福（中国）等，其中既有实体零售企业入股跨国实体零售企业，实体零售企业与其他行业强强联合，实体零售开拓电子商务领域；同时也有一些线上零售企业开始进入线下实体零售领域。而我国零售行业的众多并购事件中，跨界是并购潮的显著特征，在线上和线下购物相结合的网络时代，零售企业并购的目的就是树立自身竞争实力。对于电子商务而言，并购目的是为了融合网络与实体的购物环境；为了适应互联网时代的浪潮，实体零售企业日益加入电商领域，通过并购的方式在市场中建立自身的竞争优势；线下零售份额的扩大得益于实体零售企业与跨国零售企业的并购；非零售企业与零售企业的结合使得各自都能发挥自身实力，优势互补。

（4）实体零售企业开始涉入互联网领域。

随着互联网零售业的发展，传统的零售企业面临困境，需要进行商业模式的创新，走线上和线下相融合的发展路径，拓展经营的渠道方能摆脱困境。在我国当前的市场环境下，线上与线下相融合的道路已经是很多实体零售企业的选择，但是道路充满了坎坷，面临着一系列挑战，有关数据显示，我国的百强零售企业中，年销售额达到 3 亿元以上的仅占百强零售企业数的 14%，大部分企业线上年销售额在 1000 万~5000 万元，甚至有的还不到 1000 万元，由此得知线上购物在我国零售环境下处于探索阶段。此外，很多零售商也开始注重移动客户端，移动端的销售总额占比也在不断上升。但是在各种零售企业的网络销售过程中，移动端销售额占总销售额达到30%以上的企业占比还不到20%。由此得出，在开展线上营销方面，对于实体零售企业而言，仍需要更多努力。

2. 互联网环境下的实体零售企业商业模式转型

随着互联网技术的发展与创新，线上渠道逐渐向很多传统行业渗透，而许多传统行业也日益重视网络市场环境，采取一系列举措与互联网联手（郝身永，2015）。在此背景下，李克强总理在2015年3月的《政府工作报告》中首次提出了"互联网+"的行动计划。随后，国务院又进一步印发了《关于积极推进"互联网+"行动的指导意见》，明确了通过推进"互联网+"提升传统产业发展水平和创新能力的总体发展思路。

在"互联网+"的背景下，尤其是网络零售所带来的显著冲击，很多传统的实体零售企业都开始意识到与互联网融合的重要性，并开始对自身的发展战略和商业模式进行主动调整，但是在互联网化的发展过程中，很多实体零售企业面临着众多资源、市场和技术上的挑战，同时不同的零售企业也采取了不同的发展思路。

（1）互联网环境下实体零售企业商业模式转型的资源约束。

现代的互联网技术催生出了很多现代IT、网络零售等新兴产业，同时也对传统行业的生产、管理和市场销售等各个方面进行了改造，形成了众多新型的商业模式。然而，对于传统的实体零售企业而言，在"互联网+"的过程中往往也面临着资源、市场和技术等多方面的资源约束。

首先，从企业内部资源来看，传统零售企业的一个显著特点是在供销方面很有经验，拥有稳定的进销货渠道，这些得益于其经营历史悠久，其稳定的购货渠道意味着持续供应的货源、明确保障的产品质量，与此同时也意味着相对固化的合作关系和渠道体系，而对于实体零售企业开展网络经营而言，有的时候反而成为约束企业商业模式转型的束缚和障碍。

其次，从市场方面来看，在现代商业环境下，消费者面临的选择非常多，很多消费者都愿意去尝试不同的消费模式，在不同的零售企业间进行比较和选购商品。因此，在实体零售企业的互联网转型过程中，消费者对于实体零售企业的线上业务的认可度和忠诚度往往都比较低，导致实体零售企业线上业务在吸引和保持消费者方面带来很大挑战。

最后，从技术水平来看，传统企业的互联网转型需要专业的技术和人才支持。互联网环境的安全与稳定是线上营销的基础，因此网络革新对于零售领域来说，需要应用严苛的高新技术来保证网络零售的平台稳定性和个性化服务。近年来对线上零售提出技术层面的要求，那就是"广拉新、高速度、勤交流、多交易、强联盟"，能够对顾客的消费过程进行全面的观察和分析，以及对顾客的产品喜好用数据的方法描述出来，才能进行持续提升。

（2）互联网环境下实体零售企业商业模式转型的不同策略。

在互联网环境下，面对着网络技术的不断发展、网络零售的市场冲击，众多传统的实体零售企业也开始对自身的经营策略和商业模式进行调整，利用互联网技术不断开拓市场渠道，提升经营效率，整合供应链资源，在给消费者带来更好的购物体验和更高顾客价值的同时，也增进企业的盈利和品牌权益。然而，面对互联网环境的变化，不同的实体零售企业又采取了不同的思路。总结互联网环境下实体零售的商业模式转型后的模式主要包括开辟网络渠道、改进经营策略、供应链逆向整合、O2O融合经营的模式。

首先，面对着网络零售的快速发展，很多传统的实体零售企业面对客流和业绩的不断下滑，而不得不拥抱互联网，通过自建网络零售平台、入驻网络零售平台、第三方代运营等各种不同的方式开拓网络零售渠道。例如，苏宁、物美等传统的家电卖场企业，纷纷打造自身的网络销售平台；物美超市推出自身的线上销售App"多点"，王府井百货在建设自身的网上商城的同时也开发出在线购物微信小程序。

其次，各种新兴的互联网技术开始在实体零售企业中得到广泛应用，不断改进零售企业的经营策略，为顾客提供了更加方便和快捷的购物方式，增进顾客的购物体验，进而提升顾客价值。例如，物美、永辉、沃尔玛等传统超市开始广泛采用电子价签、自助结算等技术，更加方便顾客购物；苏宁、便利蜂利用"互联网+"的销售模式推出无人便利店。

再次，一些实体零售企业利用互联网技术和接近终端市场的渠道优势，开始实施供应链的逆向整合。就拿超市发来说，采取的举措有提高生鲜商品占比，以及对生鲜产品经营规模进行拓展，扩大生鲜直采基地的建设规模，此外，以生鲜产品采取源头直采为前提的情况下,在果蔬类领域拥有了自有品牌"超之鲜"。而永辉集团近年来也在重点推动品质定制及品牌代理战略,其拥有的悠自在、田趣、优颂 3 个自有品牌对企业的毛利增长发挥了非常重要的作用。

最后,近年来实体零售企业和网络零售企业都在不断探索和尝试线上和线下多渠道协同发展的"新零售"模式。例如,阿里集团推出的盒马鲜生、京东推出的 7-Fresh,正式进入线下实体零售业务的同时,也在尝试线下顾客购买体验与线上引流下单相融合的 O2O 发展模式;而传统的实体零售企业物美推出"多点"App,国美推出"真快乐"App,也都在尝试协同线上和线下渠道,为消费者提供更加流畅的购物体验。

(二) 理论背景

1. 零售企业商业模式的内涵与特征

虽然学者很早就提出了商业模式(Business Model)的概念,但是截至目前,学术界对于商业模式的概念和内涵仍没有一个非常明确的答案(盛亚等,2015;李飞,2019)。总结国内外的相关研究,学者对于商业模式的界定主要涉及价值链、构成要素和经营策略三个角度。从价值链角度来看,学者提出商业模式是一个企业创造价值并获取利润的基本逻辑,也是企业价值链上顾客、合作伙伴和企业自身三个方面的价值创造过程(Teece,2010;Zott 和 Amit,2010;Sorescu 等,2011;黄卫伟,2003;罗珉等,2005;王晓明等,2010;侯娜和刘雯雯,2019;王砚羽等,2019)。从构成要素角度看,学者提出商业模式的构成包括价值主张、价值创造与传递、价值获取三大核心要素(Timmers,1998;Morris 等,2002;Osterwalder 等,2005;Yunus 等,2010;Sorescu 等,2011;王悦,2013;Sabrina,2019;陶玉琼,2019)。而从经营策略角度看,学者提出企业的商业模式涉及经营策略选择和策略结果两个方面(Applegate,2001;Casadesus 和 Rivart,2010;李永发和李东,2015),以及影响策略选择的企业资源、能力和组织架构等相关因素(Demil 和 Lecocq,2010;盛亚等,2010)。

而针对零售企业的商业模式,一些学者提出零售企业的商业模式具有一般商业模式的共性,同样需要考虑价值链上的顾客价值、伙伴价值和企业价值三个方面（原磊，2009），同样包括价值创造、价值传递和价值获取三个构成要素（盛亚和吴蓓，2010）。而另一些学者总结了零售企业商业模式的特性，由于零售企业直接向最终顾客提供商品和服务，因此零售企业的价值链是一种复合价值链（王淑翠，2006；狄蓉等，2019），零售企业的商业模式更加注重经营方式和顾客体验（Grewal 等，2009；彭虎锋和黄漫宇，2014；李玉龙和李雪欣，2015），在经营策略上还需要考虑零售业态、零售商价值、零售行为和管理机制等要素（Sorescu 等，2011；Cao，2014；谢莉娟和庄逸群，2019）。

2. 顾客价值与商业模式的关系

顾客价值（Customer Value）是企业战略管理和市场营销领域非常重要的概念，最早由 Forbis 和 Mehta（1981）提出，是指在竞争产品可以获得的前提下，消费者愿意支付的最高值。学者 Zeithaml 等（1990）进一步将顾客价值界定为顾客对于某一产品或服务总体效用的偏好和评价。在此基础上，学者进一步指出，顾客价值是顾客在所得利益和付出成本之间的一种判断与权衡（Woodruff，1997；杨龙和王永贵，2002；Aoki 等，2019），往往具有主观性、层次性、动态性和情境性等特征（张明立等，2005）。随后，众多学者分别从顾客需求和企业策略两个角度讨论顾客价值的分类问题，从顾客需求角度来看，其中涵盖了功用、情绪以及社会方面的价值（Pura，2005；Moliner 等，2007；冯进展和蔡淑琴，2020）；而从企业策略角度划分，顾客价值则主要包括产品价值、服务价值、人员价值和形象价值（Kolter，2000；Parasuraman，2000；Wolfgang，2001；李先江，2013）。

很多学者都提出，顾客价值创造是企业商业模式的核心逻辑（Morris 等，2005；Johnson，2008；Chesbrough，2010；Zott 和 Amit，2010；原磊，2009）。商业模式是企业创造价值的逻辑，而价值创造逻辑又聚焦于通过构建企业所处的价值网络，实现为顾客创造价值，进而最终实现为企业创造价值（Al-Debei 和 Avison，2010；Suarez 等，2013；魏江等，2012；宋光等，2019）。因此，从商业模式的价值链角度看，企业的价值链分析应当转向以顾客价值分析为出发点（孙明贵等，2006）；从商业模式的要素角度看，先制定企业战略再创造出绩效，顾客价值是不可或缺的重要因素（范秀成和罗海成，2003；Teece，2010；高振和冯国超，2019）。

3. 互联网发展对实体零售商业模式的影响

互联网的快速发展给整个实体零售业都带来了革命性变化，进而引起了众多实体零售企业商业模式的一系列变革（Enders 和 Jelassi，2000；Sorescu 等，2011）。学者首先提出，互联网的发展带来了实体零售企业竞争环境的变化，网络零售的快速扩张对传统的实体零售企业产生显著的冲击（李玉龙和李雪欣，2015；夏清华和冯颐，2016；田红彬等，2021）。此外，互联网的发展也带来了实体零售企业的需求环境变化，消费者的需求更加多样化和个性化（Anderson，2009；Sorescu 等，2011；高金城，2016；邹洪芬，2019）；信息搜索成本降低了（Goldmanis 等，2009；闫宁宁和李涛，2019）；购物参与程度提高了（Cheung 等，2005；Doorn 等，2010；Franke 等，2010）；也更加注重购物的体验过程（Novak 等，2000；Grewal 等，2009；Rose 等，2012；Thakur，2019）。

在此基础上，学者进一步分析了互联网发展对实体零售商业模式的影响，并主要从商业模式的价值链和经营策略两个方面来展开讨论。

首先，在价值链层面，Lewis 和 Talalayevsky（2004）认为，随着网络科技的革新，在价值链中，零售企业的功用价值和所处阶段被重新定义。互联网技术的存在使制造业和零售业的联系日益紧密（Khare 和 Misra，2012；Cao，2014；代立武，2020），信息沟通的有效性能够使零售企业对价值链成员进行信息和业务整合，进而提高整个价值链的交易效率（Dong 等，2009；Lewis 和 Talalayevsky，2004；Sanders，2007）。与此同时，零售企业还可以利用自身的资源优势对供应链实施逆向整合（Ertek 等，2002；Chen 和 Xiao，2009；Xiao 等，2010；孟凡美和罗先锋，2020），建立起以零售企业为主导的供应链模式，并对供应链上游环节实行纵向约束（Tsay 等，2000；谢丽娟，2015；柯艳莉，2020）。目前，源头直采，定制包销，自有品牌，买断经营、预售等模式都是以零售企业为导向的供应链逆向整合的类型（Eisenhardt 和 Martin，2000；王晓东，2011；孙成旺，1998；Jansen 等，2008；Kor 和 Mesko，2014）。

其次，在经营策略方面，很多学者都提出，互联网作为一种新兴的渠道和媒介，对实体零售的传统业务产生许多冲击，互联网零售的兴起挤占了传统零售的市场空间，但也为传统零售开辟了新的市场机会；信息技术的出现带来了消费者的认知困难，甚至出现消费者困惑（Barry 等，2004；Walsh，2010；Babin，2013；Kasabov，2015；Beverland 等，2006；Cornish 和 Moraes，2015；Wobker等，2015；邓雯琴，2018），但同时也带来顾客沟通方式的变革，促进了顾客参与价值共创，增进顾客体验和价值，提升零售企业的品牌价值（Prahalad 和 Ramaswamy，2004；Vargo 和 Lusch，2004；李朝辉等，2014；Christodoulides 等，2015；Ramaswamy 和 Ozcan，2016；卜庆娟等，2016；李佳敏和张晓飞，2020）。所以，为了在互联网环境下获取自身竞争优势，互联网和实体零售相结合是实体零售企业发展的趋势（Pozzi，2013；王国顺和陈怡然，2013；彭虎锋和黄漫宇，2014；单凤儒和王通，2015；武冬莲，2016；夏清华等，2016）。基于前人对实体零售企业的研究，学者进一步提出了多渠道协同理论，随着互联网技术的发展，在零售领域对企业提出新的要求，同时线上和线下渠道进行融合，产生协同效应，也注重提升线上与线下渠道的效率，进一步改善消费者的购物体验过程（Stepen，2003；Johnson 等，2008；Pentina 和 Hasty，2009；Zhang等，2015；Fulgoni，2014；Cao，2014；汪旭晖和张其林，2013；张琳，2015；李飞，2019）。

4. 实体零售企业的商业模式重塑

商业模式的变革与创新本质上是一种范式的变革，是企业思维方式和企业经营逻辑的变化，特别是在全新的互联网环境下，往往要求企业进行整体商业模式的重塑（冯雪飞等，2015；晏闪，2020）。目前，关于商业模式重塑的研究主要集中在重塑动因和重塑路径两个方面。

在商业模式重塑的动因方面，一些学者认为，新技术和市场竞争是商业模式创新的主要驱动力（Timmers，1998；Amit 等，2001；Yip，2004；王福和王科唯，2020）。此外，一些学者还发现，以提高顾客价值为目标的努力也是驱动企业商业模式重塑的重要力量（Johnson 等，2008；夏清华，2013）。而在商业模式重塑的路径方面，一些学者从商业模式的价值链角度出发，指出商业模式的重塑有很多途径，其中包括价值链整合与拆分、对价值链进行重新定位、以创新为理念改造价值活动等（Timmers，1998；Magretta，2002；高闯和关鑫，2006；刘佳欣，

2020）；还有一些学者从商业模式的构成要素出发，通过对商业模式组成要素之间的关系进行改变来实现商业模式重塑（Weil 和 Vital，2001；白冰峰等，2020）。

而针对实体零售企业的商业模式的重塑问题，我国学者彭虎锋、黄漫宇（2014）结合零售企业的自身特点，将零售商业模式重塑划分为零售业态创新、零售活动创新和治理结构创新三个方面。孙永波等（2016）基于商业模式价值链理论，将超市的商业模式创新划分为企业基本价值链重塑、延伸价值链重塑以及企业价值重塑三个层次；李飞等（2013）提出，零售企业商业模式重塑的要素包括顾客、供应商、内部三个层面，而商业模式重塑的路径则包括从外向内和从内向外两种类型。任娟（2016）针对传统的百货零售提出，企业战略创新是商业模式重塑的核心，直接决定了产品市场范围、营销手段、资产和组织管理等经营策略。

二、主要研究内容

（一）主要研究对象

本书的研究对象主要是针对当前我国传统的实体零售企业，具体包括百货店、超市、便利店、专卖店和专业店等零售业态。

本书的重点是针对我国传统的实体零售企业的商业模式，基于顾客价值角度，探索互联网环境下实体零售企业的价值链管理和经营策略对于顾客价值界定、顾客价值创造和顾客价值保持的影响机制，并构造实体零售商业模式重塑的整体理论框架和具体路径。

（二）总体研究框架

在前人研究的基础上，本书从商业模式的价值链、构成要素和经营策略三个方面，构造互联网环境下实体零售商业模式重塑的基本框架，具体地，本书总体研究框架如图1-1所示。

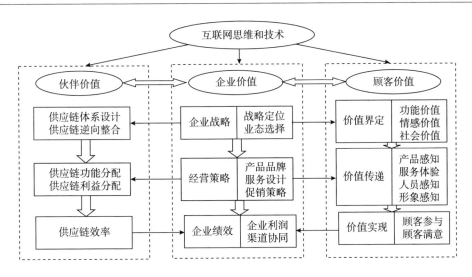

图 1-1 本书总体研究框架

首先，实体零售商业模式的核心是顾客价值，而顾客价值进一步划分为价值界定、价值传递和价值实现三个核心环节；其次，实体零售企业的战略定位和零售业态选择会影响顾客的价值界定；再次，经营策略会影响顾客的价值传递；又次，目标顾客价值实现又会影响企业的经营绩效；最后，实体零售企业的供应链体系设计、逆向整合、功能和利益分配和供应链运行效率也会影响顾客价值实现和企业的经营绩效。

(三) 主要研究内容

1. 互联网发展对实体零售商业模式的影响

探索互联网的思维和技术、对于实体零售企业的经营战略和策略、目标顾客的价值界定和传递方法，以及供应链的设计和功能选择的相应影响作用。

2. 基于顾客价值的实体零售商业模式构建

基于顾客价值的价值界定、价值传递和价值实现三个层次，并从实体零售商业模式的价值链、构成要素和经营策略三个维度，构造实体零售商业模式的整体框架。

3. 实体零售商业模式与顾客价值的互动机制

通过案例分析和实证调查分析，一方面，探索实体零售企业的战略定位、业态选择和各种经营策略以及供应链体系和功能设计对顾客价值界定、价值传递和价值实现的影响机制；另一方面，探索顾客价值的传递和实现对企业最终经营绩效的影响。

4. 互联网环境下商业模式的重塑路径

根据理论模型的分析结果，结合实体零售企业自身经营和顾客体验的特点，分析在互联网环境下我国实体零售企业商业模式重塑的基本思路，并在此基础上提出我国实体零售企业商业模式重塑的具体发展路径。

三、研究思路与方法

（一）研究思路

本书研究的基本思路如图 1-2 所示。

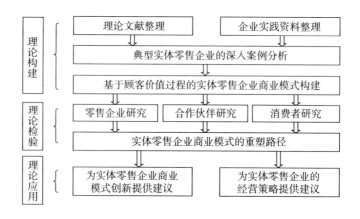

图 1-2　本书研究的基本思路

（二）研究方法

1. 文献研究法

通过收集前人有关零售商业模式创新的理论文献，以及当前我国零售市场的商业模式创新的时间资料，通过系统的归纳总结和逻辑推理，建立本书的研究框架。

2. 实证研究法

为了对本书所提出的实体零售企业"互联网+"商业模式创新的理论框架进行验证，需要对理论模型中所涉及的"互联网+"战略定位、线上商品和服务设计、线上营销策略以及零售企业线上线下融合和顾客忠诚等相关变量进行操作性测量；对相关的零售企业、合作伙伴及消费者进行实地调查，收集数据；并通过因子分析、多元回归分析和结构方程模型分析等实证方法对理论模型进行实证检验。

3. 案例研究法

本书选择在零售商业模式创新方面具有典型代表意义的以物美、国美、苏宁、永辉等各种业态的实体零售企业为案例，深入剖析在"互联网+"背景下，案例企业在企业管理、供应链管理和顾客体验等方面所做出的各种创新，据此在"互联网+"环境下，商业模式在零售业革新的理论框架中被提出来了。

四、研究价值与创新之处

（一）研究价值

1. 学术价值

首先，本书扩展了零售企业商业模式研究的视角，从顾客价值的角度探索实体零售企业的商业模式的构成。其次，本书构造互联网发展与零售商业模式创新的理论框架，探索实体零售企业的商业模式的创新路径。

2. 应用价值

首先，本书提出基于顾客价值的实体零售企业商业模式创新的具体策略，为传统实体零售企业利用互联网技术和思维，更好地提高经营效率和增进顾客体验提供策略建议。其次，本书提出"互联网+"背景下实体零售企业商业模式创新的总体蓝图和发展方向，为我国政府部门更好地规划零售产业发展和制定零售产业政策提供理论支撑。

（二）研究创新

1. 研究观点的创新

本书拓宽了零售企业商业模式创新的研究视角，基于顾客价值过程角度，从顾客价值界定、顾客价值创造、顾客价值传递和顾客价值保持四个维度对零售企业的商业模式进行剖析。

2. 理论框架的创新

本书在前人有关零售商业模式创新研究的基础上，提出实体零售企业"互联网+"商业模式创新的整体理论框架，并综合分析"互联网+"战略定位、"互联网+"产品和服务设计、"互联网+"营销策略对实体零售企业的经营绩效和顾客忠诚的新的影响机制。

3. 研究方法的创新

本书采用案例分析和实证分析相结合的方法，借助零售企业、合作伙伴以及目标顾客的深入访谈和市场调查数据，对书中所提出的理论模型进行整体性检验，以保证理论模型的有效性。

第二章 相关理论基础

一、顾客价值理论

自 20 世纪 80 年代波特教授提出《竞争优势》理论之后，相关学者积极投入探索企业竞争优势的来源中（迈克尔·波特，1997）。在众多探索企业竞争优势来源的研究之中，Woodruff（1997）所提出的"顾客价值正在成为企业竞争优势的又一个来源"，这一观点逐渐得到相关学者的认可。自此，顾客价值成为战略管理和营销领域的研究焦点之一。

（一）顾客价值概念的界定

顾客价值的理念和定义先是由西方学者研究得出的，尤其是自 20 世纪 80 年代以来，学者进一步对顾客价值理论开展了深入的研究，因此该理论发展迅速。然而，长期以来，学者都是基于各自的研究视角对顾客价值进行阐述，因此对于顾客价值的概念和内涵，至今仍然没有一个统一的认识。

梳理已有的研究成果，大多数学者都是从感知与权衡、质量与价格、关系营销和期望等角度对顾客价值概念的界定进行阐述。Philip Kotler（2001）认为，顾客让渡价值就是顾客总价值减去顾客总成本，顾客价值可以通过顾客让渡价值来阐释。顾客产生购物需求后有针对性地收集某项产品或服务的信息，并评估其价值，然后产生购买意愿而进行价格支付，这一系列活动产生了包括时间、精力、货币与体力等的支出，可以称为顾客总成本。从某个产品或某项服务中获取产品、服务、人员和形象价值与价值组合是消费者所希望的，构成了顾客总价值；Christopher（1982）对顾客价值的看法是顾客从某个商品或某项服务的享受过程中，对价值的感知程度进而支付的价格，这个价格是对消费者主观意识上感知收益程度的衡量。Batra 等（1991）指出，消费者的购物价值具有享乐性和功利性两方面的维度，不同种类产品的购物价值在这两个组成部分的程度上有所不同。Butz 和 Goodstein（1996）对顾客产品使用和服务享受过程的研究，从中发现一条情感纽带存在于企业与顾客之间，这是因为产品或服务给顾客带来的附加价值使顾客价值具有依附性。Oliver（1998）认为，某个产品或某项服务满足顾客的需求，进而产生不同程度的顾客价值。

相比国外研究，我国的学者大多是在已有研究的基础上进行总结和概括。董大海（1999）指出，将顾客从某个产品或某项服务中获得的效用与付出成本做对比就构成了顾客价值。武永红和范秀成（2004）经过研究则认为，顾客购物为的是自我需求的满足，在这个过程中会评估所得与付出，进而作出权衡比较，然后获得对整体的感知评价，这就是顾客价值。黄嘉涛（2009）以体验营销为研究视角，认为顾客价值是一种消费体验过程，顾客在这个体验过程中有特定目的，需要对某种产品的使用和服务的享受来满足需求。

（二）顾客价值理论的演进

1. 感知价值理论

Zeithaml（1988）首先提出了消费者的感知价值理论，并指出顾客价值是消费者从产品或者服务的消费中所感知到的消费利得与为此所付出的成本利失之间比较之后的效用总评价。此外，这位学者还指出，内部属性、外部特征、感知质量和一系列抽象定义构成了感知价值收益；感知价值付出则涉及货币与非货币付出两个方面。我国学者也提出，顾客价值是相对于顾客付出来讲的，是消费者对于付出与获得的总体价值衡量（蒋廉雄和卢泰宏，2006）。

2. 价值对比理论

Monroe（1991）提出价值对比理论的概念，该学者在研究顾客购买商品的过程中发现，顾客在这个过程中会比较各种价格进而产生感知价值，这在顾客心里就产生了一个可参照的价格。此外，该理论中的评估感知价值有两个概念：获得价值和交易价值。获得价值就是指顾客获得商品时实际支付的价格与愿意支付的最高价格而产生的利益感知，通过二者对比而产生；而交易价值就是指顾客在内心指导价格与实际价格进行比较后形成的，顾客的感知价值就是两者的综合体。

3. 感知价值层次理论

顾客感知价值层次理论是由 Woodruff（1997）提出的，之后层次分析模型应运而生。这个模型一共分成三个层次：最下层是属性层；中间层是结果层；最上层是目标层。从下向上看，在购买产品之前，顾客先是了解产品的基本属性，进而对这些属性的效用有一定程度的认知，顾客可以据此对产品满足自身愿望的可能性进行预判，然后顾客通过比较适当地对目标进行调整。从上向下看，顾客的目标会随着不同的情境发生变化，结果也不尽相同，引领顾客寻找满足需求的重要属性取决于顾客看重的结果。这也指出情境的重要性，结果跟随情境的变化而改变。

4. 顾客价值过程理论

Gronroos（1996）从关系营销的角度研究了顾客价值。该学者认为，先前学者对顾客价值的探究以顾客得与失的视角来评价效能，没有结合顾客关系体验来分析。在关系营销里，顾客评价的不是某个产品或某项服务，而是一个整体，交易各方达成协议的出发点是为了关系的维持，而不是追求最优的产品。Gronroos（1996）指出，关系中的产品分为附加服务与核心产品，关系成本指的是维持关系产生的额外费用与顾客付出的价格，据此，顾客价值区分成额外附加价值与核心价值。顾客价值是复杂多变的动态过程，关系营销尤其是长期关系在顾客价值中的地位举足轻重。

二、商业模式理论

（一）商业模式的内涵

商业模式（Business Model）最早由国外学者提出，当下众多学者研究认为，商业模式是创造企业价值并获取利益的基本逻辑（Dubosson 等，2002；Teece，2010；Zott 等，2011；Sorescu 等，2011；Chuan 等，2019；杨俊等，2020）。基于此，商业模式的构成要素被学者概括为：价值主张（Timmers，1998；Morris 等，2002；Kim 和 Park，2019）、价值创造与传递（Amit 和 Zott，2001；Magretta，2002；张璐等，2019；王强等，2020；蔡春花等，2020），以及利润获取（Afuah，2005；Osterwalder 等，2005；Sorescu 等，2011；Eric 和 Richard，2019；张欣，2021）三个方面。除此之外，国外学者也展开了研究与探讨，从投入与产出的角度，将商业模式分为：经营策略选择和相关策略结果两个维度（Applegate，2001；Casadesus 和 Rivart，2010；易加斌等，2021）。

很多学者进一步将商业模式的研究应用到了零售领域，黄卫伟（2003）经过研究认为，企业盈利的逻辑思路与重要因素就是一个企业的商业模式。在这些研究的基础上，众多学者以价值获取为研究视角，讨论零售商业模式的企业自身、顾客与合作伙伴三个方面的构成要素（罗珉等，2005；高金余和陈翔，2008；王晓明等，2010；Mikalef 等，2020）。盛亚和吴蓓（2010）认为，价值创造体系、价值网络以及价值获取体系就是零售企业的商业模式的三个方面，张艳（2013）认为，核心要素与边际要素构成了零售企业商业模式；原磊（2009）对商业模式进行分类，指出在零售业领域存在三种盈利模式：企业价值、伙伴价值与顾客价值。黄培和陈俊芳（2003）指出，零售商业模式有两种主导类型：价值主导型与成本主导型。

（二）商业模式的体系维度

商业模式的体系构成是学者进一步研究的话题，有助于对商业模式有更深层次的认识。Amit 和 Zott（2001）综合考虑价值链、资源观、熊彼特创新、战略网络和交易成本理论，选定了电子商务企业，通过对欧美 59 家企业的研究，提出了效率（Efficiency）、互补（Complementarities）、锁定（Lock-in）和新颖（Novelty）是企业价值创造的四类来源。Zott 和 Amit（2007）在跨组织边界的商业活动基础之上，提出了"商业模式设计"（Business Model Design），并开发了商业模式设计的测量量表。

Chesbrough（2007）进一步将商业模式的体系构成划分为以下六个维度：竞争战略、收益机制、价值链、价值主张、目标市场和价值网络。随后，Kindström（2010）在商业模式体系六个维度的基础上，详细解释了关键问题与管理目标这两方面。Mason 和 Spring（2011）则指出，商业模式可以从市场供应、网络结构以及技术这三个维度展开分析。

在商业模式的构建路径方面，周辉等（2007）整合商业模式设计的程序与步骤，在商业模式内涵和构成维度的基础上，基于价值链分析的角度，提出了企业商业模式设计的基本思路。原磊（2007）指出，企业通过商业模式来整合经济逻辑、战略方向和运营结构，商业模式的设计涉及价值维护、价值主张、价值网络以及价值实现四个方面。商业模式致力于对业务的意义进行概括和提取，还要发现不同于其他业务的重要特点。此外，很多研究都提出，商业模式的构建是一个复杂的系统过程，包括管理认知、客户识别、价值主张、关键流程、货币化、战略目标、资源和价值网络等诸多方面（Mason 和 Spring，2011；Bohnsack 等，2014；Tindara 等，2021）。

将国内外学者关于商业模式的研究进行综合比较，发现学者对于商业模式的定义和构成体系还没有达成一致，但是也有意见相同或相似的地方。对于商业模式本质的认识，国内外学者逐步达成一致。正如 Shafer 等（2015）所总结的，商业模式的核心是有关企业价值创业的逻辑，商业模式的核心构成要素包括以下四方面：价值创造、战略选择、价值网络以及价值获取。

三、零售业态发展理论

零售产业作为服务业的重要组成部分，与消费者日常生活密切相关，一直以来都是学者研究的重点领域。目前来看，国外学者已经针对零售业态的发展展开了大量研究，并提出了许多非常重要的理论；而我国学者在学习和借鉴国外研究的基础上，结合近年来我国网络零售的快速发展态势，也做出了很多有意义的研究探索。

（一）国外学者关于零售业态发展的相关理论

1. 零售业态发展的轮转假说（Wheel of Retailing Hypothesis）

零售业态发展的轮转理论最早由哈佛商学院的迈克尔教授在 1952 年提出的，后来由 Mcnair（1958）以及 Davidson（1976）等学者进一步扩展。该假说认为新型的零售业变革具有周期性，零售业态的发展就像是车轮的转动，零售业态的发展生命周期包括典型的四个阶段，分别是起步创新阶段、加速发展阶段、成熟阶段和衰退阶段。零售业起步阶段为了站稳脚跟，商家会采取低姿态（低价格、低利润和低地位），随着竞争对手的加入，开始注重产品质量提升以及更新换代，伴随而来的是支付更高的成本，到了衰退期，市场又会出现新加入的零售商，也是采取相似的姿态进入市场。

2. 零售业态发展的手风琴假说（Retail Accordion Hypothesis）

手风琴假说由 Brand 和 Hollander（1963）提出，也称为"综合—专业循环假说"。该假说提出，不同的零售店在商品组合上会存在显著差异，而且会出现宽而浅的商品组合与窄而深的商品组合交替出现的规律。该理论认为，零售业态是按照宽—窄—宽—窄的规律发展，也就是说，从商品组合宽泛的杂货店到组合窄的专门店，然后又出现商品组合更宽泛的百货店，接着是组合更窄的专卖店，接着出现的是拥有比百货店更宽的商品组合的超市。

总结从 20 世纪 60 年代至今的零售业态的发展趋势：从百货公司、大型综合零售商到专门店、超市、便利店，以及到大型购物中心，再到细分化的单品店、专业店；从聚焦一个商品品类的垂直电商到全品类经营的综合电商，整个全球零售业态的发展也大体印证了零售业态发展的综合——专业循环假说。

3. 零售业态的自然淘汰理论

Reesman 在 1968 年指出，零售业态的发展也是一个适应环境和不断进化的发展过程。通过综合分析，经济、社会、法律政策、政治环境等宏观环境因素的变化可以帮助零售企业作出最有效的经营选择。"二战"后，美国的零售商从百货经营转向购物中心的方式是受到消费主力迁移的影响而改变的。从中可以看出，各种零售业态具有不同的环境适应性，随着外部环境的变化，往往既会带来一些零售业态的兴起，也会导致一些零售业态的淘汰。

4. 零售业态的辩证发展假设（Dialectic Hypothesis）

Gist 在 1968 年指出，竞争环境也促进了零售业的发展，如同事物由正面走向反面最后正反合为一体一样，从高利高价高服务慢周转的百货店，走向低利低价低服务快周转的折扣店，最后是廉价百货店，即作为这两者结合体的超市出现了。

（二）国内学者关于零售业态发展的相关理论

在国外研究的基础上，近年来越来越多的国内学者也日益关注零售产业的发展问题。而且，与国外学者更多关注不同的零售业态企业不同，我国学者对于零售业态的研究更倾向于从零售业态的总体结构来研究零售业态的发展问题。

孙璐（2005）从广义和狭义两个角度解释了零售业态结构的概念，广义上将其定义为特定经济社会环境下的零售业态的种类以及各种零售业态的资产、销售、利润、店铺数量及与之对应的比例关系和空间结构问题的综合；而狭义上则指的是包括零售业态种类在内的各种零售业态的资产、销售、利润和对应比例关系的综合。

在国外学者假说的基础上，我国的一些研究者结合我国零售产业的发展实践提出了一些新的假说，如唐鸿（2009）提出了零售业态发展的双驱动理论，该理论认为，外商进入、经济体制改革是原驱动因素，零售业态演化取决于外商进入、经济体制改革对消费者需求和市场竞争的影响；零售知识螺旋假设是由学者陶伟军和文启湘（2002）总结而来的，以零售轮转和生命周期理论为前提，他们指出业态生成的微观基础和路径特征是零售知识螺旋，而零售知识螺旋则包括零售业态运营中的竞争与合作、成本与收益等方面。荆林波（2001）认为，业态变革是因为制度变迁造成的，还提出零售业态的发展离不开互联网技术的应用。霍朋军（2009）在组织能力的理论基础上，指出解释零售业态发展的走向是以组织的能力和满足客户需要为导向的，该学者还提出企业家逐利的根本动力与组织能力是零售业态演化的"能动要素"。李诚（2008）对零售业态发展的状态进行了研究，新业态之所以会出现是由消费者效用模型来解释的，该模型也揭示了不同业态可以同时存在的原因，而效用保留点也是该学者提出的。

李飞（2019）总结了业态组合要素，是基于国内外学者对零售业态的研究，得到了零售营销组合的要素并将它们认定为零售业态构成的基本要素：即产品、服务、价格、店址、沟通和环境。据此，他们结合清华大学经济管理学院中国零售研究中心的顾客满意度影响因素分析的相关数据，给出了零售业态构成要素的维度，并据此绘制了零售业态创新路线图。

第三章　我国实体零售业的
发展历史与现状

一、我国实体零售业的发展历程

在西方零售业态的发展过程中，各种零售业态是按照一定的顺序先后进入零售市场的，正是零售业态的不断更新、迭代，在不断的试错中发展和完善零售市场。1978年，我国开始改革开放，一时间，各种零售业态涌入国内市场，这大大缩短了我国零售业的发展进程，也将大量管理经验和知识带到了我国的零售业中。从总体上看，我国的实体零售业态的发展历程可以划分为以百货商店为主导的业态、多实体业态并存、多样化发展和线上线下相融合的新零售这四个主要发展时期。

（一）百货商店业态主导的发展时期

20世纪50年代，在哈尔滨引入了我国第一家百货商店：秋林公司。由于中华人民共和国成立之后长期实行计划经济，直到改革开放之前，百货业并没有得到很好的发展，只局限于上海、哈尔滨、广州和天津等极少数大城市，而在我国其他城市，很难看到真正的大型百货商店。

中华人民共和国成立之后，我国对零售业在国民经济发展中的重要作用不够重视，创造价值的是产品生产部，流通环节并不会增加社会财富，只是充当着流通渠道的作用。在这种理论的指导下，零售的主要作用就是保障供给，更为方便地为居民提供商品。这一时期，农村居民主要通过农村供销社购买商品，城镇居民主要依靠城市的国营百货商店获取产品，人民买东西主要靠的不是人民币，而是粮票、自行车票、手表票等，生活上用到的所有东西都是由政府配给，我国的零售业很难得到发展。此时，我国零售业处于卖方市场，不存在市场竞争的问题。当时我国的零售市场既没有消费者的概念，也没有以顾客需求为中心的管理理念，所以在这一时期，在学术研究抑或是在实践的发展上，整体的水平较低，远远落后于欧洲、美国、日本等先进国家的零售发展水平。

1984 年，我国开始进行经济体制改革，对商品购销、批发的体制进行改革。经济体制改革盘活了我国的零售产业。首先，三级批发体制受到挑战，层层分拨商品向多流通渠道过渡。其次，零售企业获得了更多的自主经营权，国有企业向市场化转型，渐渐掌握了市场运行能力，我国的零售产业的活力被激发。

与此同时，生产制作产业也在快速地发展，商品种类得到了极大的丰富。另外，这一时期尽管总体上居民消费仍处在温饱阶段，但消费总量和结构已发生了明显变化，人民对改善生活质量的愿望无比强烈，市场需求旺盛。但是这一时期我国的整体市场仍然处于卖方市场，耐用消费品、电视机、电冰箱和洗衣机供不应求，而这些商品的主要销售渠道还是百货商店，百货商店的效益普遍较好。此外，此时的零售业以国有大型百货商店为主体，并进行现代企业制度的建立，造就了一批销售额超过亿元的大型股份制零售企业集团。在这一时期，百货商店逐渐将关注点转移到顾客的消费需求上，初步理解"顾客至上"这一理念。

1992 年党的十四大召开，明确提出了改革的目标是建立社会主义市场经济体制，这极大地推动了我国零售业的创新和发展。在这一阶段，我国的各个城市出现了很多种新型零售业态，尤其是连锁超市发展势头强劲。连锁店、专卖店、超级市场开始兴起并迅速地进行市场拓展、占领市场，夫妻店、仓储式商场、两元店、邮购等新兴的零售业态也显示出强大的生命力，我国的连锁零售业态异彩纷呈，呈现出多样化的发展态势。从经营方式的角度来看，占据主导地位的仍然是百货商店，紧随其后的是连锁商店。从零售业态的角度来看，百货商店、其他新兴业态，如超级市场、仓储式商店、专业店三分天下。值得一提的是，新兴业态受到年轻人的追捧。大中型连锁超市企业销售增长明显高于社会商品零售总额的增长，成为各种零售业态中极具市场活力的零售业态，到这一时期，城市零售业态由单一的百货店发展成以连锁超市为主体的多业态并存格局。

随后，我国的经济开始进入买方市场，居民的家庭消费进入到以购买耐用品为主的改善型消费阶段。居民人均可支配收入持续增长，基本的生活需求消费已不能满足消费者日益增长的物质文化需求，逐渐向初级享受型消费转型。在零售业界以消费者的需求为导向，注重商品品质和服务成为业界的初识。各大百货商店为了吸引客流，对原有店面进行装修，开始安装空调、设置扶梯、改善照明条件、美化内部装饰等。在此时期，我国大型百货商店进入"黄金发展时代"。但总体上来讲，我国的零售业还处于初步发展阶段。各类新兴的零售业态处于萌芽状态，据统计，1992~1996年，我国大型百货商店的营业利润增幅最高达到了64%，平均以21%的幅度递增。这一时期，民营资本和外资资本的介入对百货商店部分经营业务开始剥离。尤其是一些耐用消费品，如电器和办公用品业务，百货商店在家电和办公商品的业务开始萎缩，同时开始与家电、办公用品等专卖店进行竞争。大型百货商店受专卖店的冲击，开始探索新的发展模式，经过探索寻找到了一种专业化的发展道路——市场细分+品牌的发展道路，主要从事高端服饰、鞋帽等商品。

（二）多实体业态并存的发展时期

随着我国加入世界贸易组织，开放的力度进一步加大。零售企业也在寻求持续发展的道路，通过强强联合的手段形成一种零售的生态系统，相互依存进而发展壮大。在这一时期，我国零售企业之间的兼并重组和联合的脚步明显加快。各大零售企业之间力求通过横向或者纵向拓展，扩大市场占有率。这一时期，我国零售业已经形成了买方市场，各个零售企业意识到了解消费者需求，分析消费者需求的重要性。各零售企业为了吸引客户，利用节假日推出各种活动，抢占消费者。在这样的市场环境下，我国的百货商店业态已经成为成熟的零售业态，其他的新兴业态也进入了快速发展时期。

此外，外资零售企业进军中国市场的步伐加快，全球知名的连锁零售巨头沃尔玛、家乐福、7-11 等企业纷纷进入中国市场。随着大量零售跨国集团的进入，也引进了国外优秀的零售管理方式和技术。在这一时期，由于我国现代信息技术和互联网的快速进步，互联网零售和电子商务得到了快速壮大的机会，伴随出现的还有商业模式、物流模式、支付方式的不断创新，也改变了线下渠道的零售格局。推动这一时期零售变革的驱动因素是消费进入到显著升级的阶段。由此我国的城市零售业态调整为：以大中型百货店、购物中心、超市、专业店为主，以其他新兴零售业态为辅，业态结构日益趋向完整、合理，能够满足我国居民全方位、多层次的消费需求。

（三）实体零售业态的多样化发展时期

我国零售产业从 2004 年开始，对外资实行完全开放，这就使外资零售企业以更快速度给本土零售企业带来更大的冲击，国内零售市场出现了本土零售与外资零售互相争夺资源的时期，这也为实体零售带来了多样化的业态形式。在此之前，我国零售业对外资有一定的开放，但是并没有达到完全开放的状态，因此外资主要集中在东部沿海等可控范围的城市之内，企业发展规模相对较小，对我国本土零售业的发展还未形成实际的冲击。但是完全开放以后，我国全面取消了外资零售业经营地域、股权等限制，有一部分国际零售巨头纷纷加入中国零售市场，因为它们看中了我国巨大的人口规模以及市场前景，因此进行快速的扩张，纷纷抢占有利的区位以及便利的交通优势。到 2005 年，我国国内很多相对发达的城市就已经出现了很多国际上排名前 50 的大中型零售企业的身影，如大型超市沃尔玛、德国的麦德龙等，这在一定程度上丰富了我国的零售业态，也在一定程度上为本土零售企业带来了先进的管理经验，这些经验为我国的零售市场带来了积极的市场外溢效应，提升了本土零售业的经营理念、发展与成长、盈利等方面的能力。此外，本土零售企业与外资零售企业二者在互相竞争的同时，也共同促进了实体零售向多样化方向不断发展。

（四）线上线下融合的新零售发展时期

进入 2000 年以来，互联网电商业态开始快速发展，并对传统的实体零售业态产生了显著冲击。在此背景下，催生了很多知名的线上电商平台，北京的京东就是在这一时期产生的，并发展成为中国最大的自营电商平台。此外，很多传统的实体零售业态，如物美、国美等企业也开始纷纷触网，进行线上销售业务。

然而，随着电子商务的逐渐壮大，各大电商平台的竞争已经进入白热化的境地，线上零售企业同样面临流量衰竭的困境。与此同时，线下的传统供应链体系也面临效率不高的困境，需要借助互联网技术实现转型升级。一些实体店进行数字化发展和线上线下相结合，如苏宁、国美等传统的线下卖场开始进军线上电商平台；而一些新兴的电子商务企业也开始向线下拓展，如京东、聚美优品、三只松鼠等在全国各地开设实体店。这些零售现象体现出，线上与线下零售企业正在由对抗转向融合，线上线下融合发展正在成为新时代零售行业变革的主要方向。

1. 集购物娱乐饮食一体化大型商场逐渐发展成熟

以购物中心为代表的大型商场逐渐取代单一的百货商店、游戏场所以及一般的餐饮店。在中国各个城市，出现了很多，如大悦城、万达商场、合生汇等大型的购物中心，重点针对城市中高端的消费人群，提供优质的消费体验，使消费者在购物中心内完成一站式购买。

2. 在城市商务区内连锁便利店持续发展

商务区作为城市中心地带，需要具有贸易、金融、展览、服务、咨询等多种功能。连锁品牌便利店聚焦的是高端的商务人员，工作节奏比较快。众多连锁品牌的便利店就设置在办公楼内，如 7-11，其特色在于品类齐全、占地面积小、24 小时营业、服务人员少、人员成本低。近年来，面对无人货架、智能货柜成为新风口并抢占办公场景，便利店感受到了压力。在此背景下，传统的品牌连锁便利店也开始寻求线上与线下的融合与突破，7-11、全家、罗森等品牌便利店先后接入美团、饿了么、京东到家等平台推出外卖服务。

3. 线上线下零售业态融合趋势加快

发展电商能为实体零售企业提供销售渠道，发展实体零售可为电商提供稳定的供应链。一方面，不仅传统零售企业需要开展多渠道策略，向互联网延伸；另一方面，传统电子商务企业也开始关注多渠道策略，向线下拓展，以实现电商与实体店的无缝对接。此外，跨国电商通过与跨国企业合作为顾客提供种类丰富的产品，满足顾客不断升级的消费需求，如盒马鲜生、7-Fresh 等。

二、我国实体零售业的发展环境

近年来，我国的零售业迸发出充分活力，其宏观经营环境、消费环境、政策环境、技术环境持续改善。新兴消费群体对新兴事物接受能力比较快，使新兴的业态得以发展，但制约零售业转型升级的体制性、机制性问题仍然存在，扩大消费基础有待进一步稳固。

（一）经营环境：宏观经济形势有所好转

2016 年，国民经济受供给侧结构性改革以及全球经济的影响而出现了缓中趋稳的状态，全年 GDP 为 74.6 万亿元，同比增长 6.7%，实现了"十三五"的良好开局。2020 年，即使受到新冠肺炎疫情的影响，我国的 GDP 依然保持 2.99%的正增长，总值达到 101.6 万亿元，成为全球唯一实现经济正增长的主要经济体。不断增长的经济总量为零售市场提供最基础的保障，同时能够为消费市场的发展奠定基础。与此同时，我国的社会商品零售总额近年来一直保持着高速的增长态势，2019 年，社会商品零售总额达到 40.8 万亿元，增长了 8.0%，2020 年，受新冠肺炎疫情影响，社会商品零售总额略有下滑（下滑 3.93%）。

不断增长的宏观经济环境和零售商品需求，为我国零售企业的发展提供了庞大的市场空间和强大的助推力，根据国家统计局数据，近几年我国限额以上的零售企业的商品销售额一直保持正增长，2019 年商品销售额为 13.04 万亿元，增长了 4.29%，2020 年商品销售额为 13.1 万亿元，增长了 0.49%。

（二）消费环境：需求变化推动消费升级

当前我国的消费者市场呈现出显著的三期迭代的需求特点，即满足基本需求、关注消费品质、聚焦消费体验三期迭代。这是中国经济迅速发展、对外开放程度进一步扩大、互联网技术不断普及的必然结果。在消费者需求不断迭代的时代背景下，表现出消费需求更为复杂，消费诉求更加宽泛，消费手段更为多样化的特征。具体来讲，消费者不仅能买到所需产品，也不局限在买到有良好品质的产品，更多的是在消费过程中个人能获得良好的消费体验。

体验消费作为消费过程，其内涵广泛。对于产品及其品质而言，零售企业都可以标准化地生产，但为消费者提供的体验很难形成某一标准，更多的是以个性化的方式存在。正是基于这一原因，才会形成错综复杂的消费者市场。尤其是在一二线城市，由于大量的年轻人涌入这些城市，这部分新兴消费群体接受新鲜事物快、消费观念超前，他们不再满足于商品的获取，更关注的是零售店的服务以及购物体验。因此，年轻人成为零售新业态、新模式消费的主流群体。从消费内容看，消费支出从购买基础生活类商品为主转变为购买耐用、绿色健康、中高端商品；从消费方式上来讲，越来越多的消费者是多渠道消费，在不同渠道间来回切换，收集产品的相关信息并进行购买。从支付方式上来讲，消费者越来越倾向于无现金消费，直接扫码（微信、支付宝）进行付款。此外，消费场景无处不在，虚拟一号店让我们看到未来更多可能的消费场景。

制造商、终端零售企业必须以差异化消费需求作为出发点，以此调整经营观念、改革经营方式，将满足个性化的消费需求作为经营的核心目标，并进行关于企业本身经营理念、模式、手段的变革。例如，红领集团的定制化模式，这种变革将会给零售业乃至整个快消品行业带来根本性的挑战。今后相信会有更多类似于盒马鲜生这样的企业进行更多基于适应、满足消费需求变化的零售创新。

（三）政策环境：政策调整指引发展方向

国务院办公厅于 2016 年 11 月发布《关于推动实体零售创新转型的意见》，这一意见由政府出台，对实体零售业具有相当强的针对性和专业性。该文件从政府的视角对实体零售企业的发展与变革方向给予了明确的指导，清晰地阐明了实体零售的地位，并指出了实体零售变革的三大方向与三大变革创新途径，明确提出跨界融合会是实体零售整合发展的重要手段，并从工商、税务、城市规划等多个方面，推出诸多政策支持实体零售企业发展，营造良好的外部环境减轻零售企业的发展阻碍，创造出更多的发展机遇。

同时，在商业结构调整方面，坚持盘活存量与优化增量相结合、消除落后与拓展新动能并举，促进实体零售企业业态结构和商品结构的调整，满足居民消费结构升级需要。在创新发展方式方面，推动企业变革经营机制、创新组织形式、优化服务体验，推动实体零售弥补劣势、增加优势，充分发挥核心竞争力。在推动跨界融合方面，加快线上线下融合，促进多领域合作，促进内外贸一体化，通过融合协作建设零售新格局。综合国家目前在一些领域的治理措施，一些重点领域在进行强力治理的情况下，在一段时间内，也会给零售企业现实经营带来暂时的影响。如目前政府强力进行的治污、治超举措，会在一些地区、一些行业带来阶段性的停产、成本上升的问题，需要及时分析，做好调整。

2017 年 9 月，商务部流通产业促进中心发布了《走进零售新时代——深度解读新零售》调研报告，根据该报告，推动流通领域转型升级，激发商业企业创新活力已提高到国家战略层面。推动"互联网+流通"行动计划，将有助于提升效率和激发消费潜力，还将为供给侧结构性改革和经济增长提供更大力度的推动作用。而新零售鼓励线上、线下、物流三方一体化发展，减少库存，借助互联网技术加快零售新变革。在各行业积极参与新零售的过程中，改变了商品流通体系，创新出了新型商业模式，进而实现激发出庞大消费潜力的目标。

2020 年 9 月，习近平总书记在中央全面深化改革委员会第十五次会议上强调，加快形成以国内大循环为主体、国内国际双循环相互促进的新发展格局。这一方面反映了国内消费市场在我国经济发展中的地位进一步提升，另一方面也反映出充分满足我国消费者的消费升级和消费转型，全面建成小康社会将成为我国未来经济发展的主要目标。而对于直接服务于消费者的零售产业，则是发展国内消费大循环的主要产业，将会获得更多的政策支持。

（四）技术环境：信息技术助力营销优化

首先，随着亚马逊、阿里巴巴和其他电子商务平台在网上购物者中的影响力越来越大，无论是在商店还是在家里，大型零售商正在测试技术如何能够帮助客户建立一种更数字化的体验，各个零售企业正在努力寻求丰富的营销产品，投入更多的技术，更好地帮助品牌了解不同细分场景中的用户画像。借助大数据技术进行场景分析，并结合品牌特性优化营销手段，力求做到更加精准、人性化，有温度的品牌营销。未来的客户体验将越来越数字化和移动化，与其他零售店一样，在科技投资中广撒网是很重要的。目前，在零售技术领域的许多风险投资主要集中在计算机视觉，诸如使用相机和其他技术来吸引用户走进来购买，出站支付和语音方面的技术等。互联网技术可以打通线上线下的消费者的信息资源，有助于推动零售企业满足消费者个性化、多样化、品质化、智能化的需求。现代互联网技术已成为驱动零售业达成战略变革、模式再造和服务优化等目标的强大动力。

其次，信息技术有助于移动支付。随着移动支付技术的发展，消费者更倾向于无现金支付，利用微信、支付宝进行付款已经成为支付的主要方式。如我们出去购物只需要带着手机便可以享受快速便捷的支付。现在一些大型的零售商店推出了自助收银，减少了消费者付款的等待时间，比如，物美与多点合作，现在北京的物美超市已经全面覆盖了自助收银机，大大地提高了消费者满意度。技术有助于商品定制。VR虚拟现实技术快速发展丰富商品定制内涵，有利于增强消费者感官认知和消费者信息感知控制，解决消费者和实际商品在空间上相分离的问题。

三、我国实体零售业的发展现状

近年来，在网络零售的冲击和网络技术的影响下，我国不同的实体零售业态也呈现出了不同的发展态势。本书进一步基于国家统计局的统计数据，分别针对便利店、超市、百货商店、专业店和专卖店五种典型的连锁实体零售业态，对其商品零售总额、营业面积、门店总数、从业人员以及相关经营效率进行汇总和分析。

（一）百货业态发展现状

1. 百货业态的零售额与坪效

近年来，我国的连锁百货业态的整体零售额呈现出了比较明显的增长趋势，从 2002 年的 484.68 亿元跃升到了 2020 年的 3082.68 亿元，年均增长率为 10.82%。与此同时，百货业态的营业面积也增长明显，从 2002 年的 334.64 万平方米增长到了 2020 年的 2742.16 万平方米，年均增长率为 12.4%。

然而，在零售额和营业面积增长的同时，百货业态的经营效率却出现了比较明显的下降趋势，坪效从 2002 年的 1.31 万元下降至 2020 年的 1.12 万元（见图 3-1）。

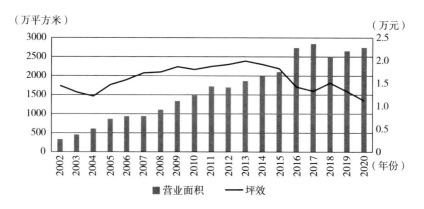

图 3-1 我国百货业态的零售额与坪效发展

2. 百货业态的门店效率

我国连锁百货业态的门店数量近年来保持了相对比较稳定的增长态势，从 2002 年的 1550 家增长到了 2020 年的 5732 家；但是百货业态的门店规模进入 2010 年之后，基本就保持了相对稳定的发展态势，始终维持在 5000 家左右的规模。

与门店规模的发展规律类似，百货业态的门店效率却出现了先增长后稳定的发展趋势。2002 年，百货业态的平均单店年零售额为 2801 万元；到 2013 年，平均单店年营业额达到了 8205 万元；随后就开始呈现相对稳定和略有下滑的趋势，2020 年的单店销售额只有 5378 万元（见图 3-2）。

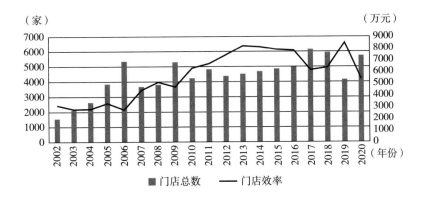

图 3-2 我国百货业态的门店规模与门店效率发展

3. 百货业态的人员效率

近年来，我国的连锁百货业态的人员规模呈现出一种先增长后下滑的倒"U"形发展态势。2002 年，百货业态的从业人员总数为 10.87 万人，到 2017 年达到了顶峰的 27.92 万人，随后开始下滑，2020 年只有 19.49 万人。

与此同时，百货业态的人员效率却出现了比较明显的上升趋势，从 2002 年的 49.05 万元增长到 2020 年的 158.17 万元（见图 3-3）。

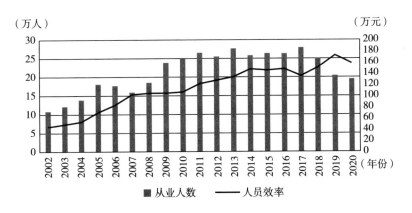

图 3-3 我国百货业态的人员规模与人员效率发展

（二）超市的发展现状

1. 超市业态的零售额与坪效

近年来，我国的连锁超市业态的零售额呈现出了比较明显的增长趋势，从2002年的1318.2亿元增长到2020年的7948.5亿元，年均增长率为10.5%，但是进入2015年之后，由于受到电商平台、社区团购等新兴零售的影响，超市业态的整体零售额的增长开始停滞。

超市业态的营业面积也呈现出类似的规律，从2002年的930.48万平方米增长到2020年的5756.89万平方米，年均增长10.66%；进入2015年之后，我国超市业态的营业面积也呈现出了增长停滞的现象。与此同时，超市业态的经营效率却呈现出较为明显的下滑趋势，经营年坪效从2012年的1.58万元下降到2020年的1.38万元（见图3-4）。

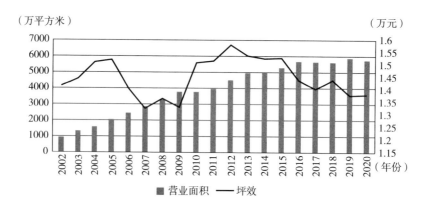

图3-4 我国超市业态的零售额与坪效发展

2. 超市业态的门店效率

近年来，我国的连锁超市业态的门店数量也呈现了先增长后下滑的发展趋势，从2002年的10281家增长到2013年的43215家，随后就开始逐渐下滑，到了2020年又下降到29422家。

虽然门店数量下滑，但是超市业态的门店效率却出现了相对比较明显的增长态势，平均单店年零售额从 2002 年的 1643.4 万元增长到 2019 年的 2701.5 万元（见图 3-5）。

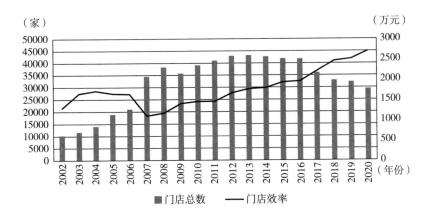

图 3-5 我国超市业态的门店规模与门店效率发展

3. 超市业态的从业人员效率

与门店数量的发展相类似，我国的连锁超市业态的人员数量近年来也呈现出先增长后下滑的发展态势，从 2002 年的 31.01 万人增长至 2013 年的 102.4 万人，随后逐渐下滑到 2020 年的 82.13 万人。

同样地，超市业态的人员效率却出现了比较明显的上升，从 2002 年的 42.5 万元增长到了 2020 年的 96.8 万元（见图 3-6）。

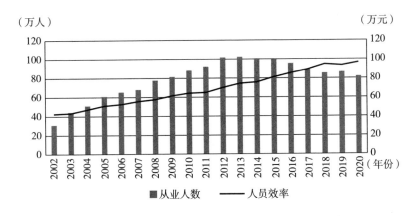

图 3-6 我国超市业态的人员规模与人员效率发展

（三）便利店的经营状况

1. 便利店业态的零售额与坪效

近年来，我国连锁便利店业态的零售额呈现出了较为明显的增长趋势，从2005年的183.09亿元增长到2020年的640.2亿元，年均增长率为8.70%，但是与其他实体零售业态相比，增长相对缓慢。与此同时，我国便利店经营效率近年来保持了相对稳定的态势，2005年到2020年，连锁便利店的坪效始终维持在2万元左右（见图3-7）。

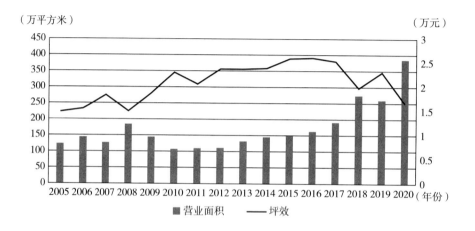

图3-7 我国便利店业态的零售额与坪效发展

2. 便利店业态的门店效率

近年来，我国连锁便利店业态的门店数量也呈现出了快速的增长趋势，从2005年的10043家增长到2020年的34778家，年均增长率为8.63%；与此同时，便利店业态的门店效率也保持相对稳定的态势，平均单店年零售额一直维持在200万元左右（见图3-8）。

3. 我国便利店业态的人员效率

与零售额和门店数量相比，我国连锁便利店业态的人员数量虽然也出现了增长，但增长速度明显偏低，从2005年的6.7万人增长到2020年的9.78万人，年

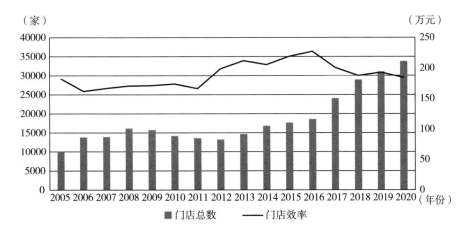

图 3-8　我国便利店业态的门店规模与门店效率发展

均增长率仅为 2.55%，在所有的实体零售业态中增速最低。在此背景下，便利店业态的人员效率出现了明显的提升，从 2005 年的 27.3 万元增长到 2020 年的 65.5 万元（见图 3-9）。

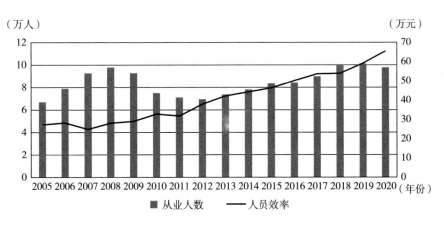

图 3-9　我国便利店业态的从业人员与人员效率发展

（四）专卖店业态的发展现状

1. 专卖店业态的零售额与坪效

近年来，我国的连锁专卖店业态一直保持着快速的发展态势，从整体销售额来看，从 2002 年的 85.52 亿元增长到 2020 年的 3313.92 亿元，年均增长率达到 22.53%，在所有的实体零售业态中增速最高。与此同时，连锁专卖店的营业面积也快速增长，从 2002 年的 34.17 万平方米增长到 2020 年的 674.76 万平方米，年均增长 18.02%。此外，专卖店的经营效率也得到了显著提升，2002 年的坪效为 2.50 万元，而 2020 年的坪效则达到了 4.91 万元（见图 3-10）。

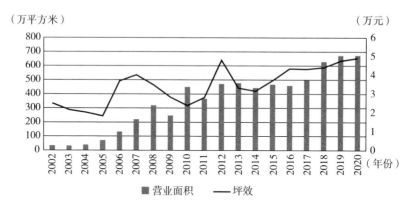

图 3-10　我国专卖店业态的零售额与坪效发展

2. 专卖店业态的门店效率

我国的连锁专卖店业态的门店规模和门店效率近年来也都呈现出了比较明显的增长趋势。从门店规模来看，专卖店的门店数量从 2002 年的 2901 家增长到了 2020 年的 38700 家，年均增长率为 15.48%。与此同时，专卖店业态的门店效率也出现了比较明显的上升趋势，平均单店零售额从 2002 年的 294.8 万元上升到 2020 年的 856.3 万元（见图 3-11）。

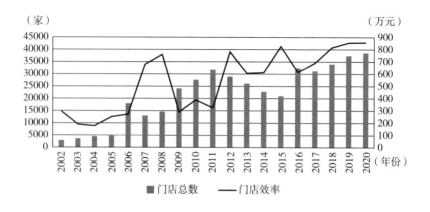

图 3-11　我国专卖店业态的门店规模与门店效率发展

3. 专卖店业态的从业人员效率

与门店规模效率的发展相似，我国的连锁专卖店业态的人员规模和人员效率近年来也出现了比较明显的增长趋势。从人员规模来看，专卖店的从业人员数量从 2002 年的 2.32 万人增长到 2020 年的 24.45 万人，年均增长率为 13.98%。与此同时，我国专卖店业态的人员效率也出现了比较明显的上升趋势，2002 年的年人均零售额为 25.29 万元，到了 2020 年则上升为 135.54 万元（见图 3-12）。

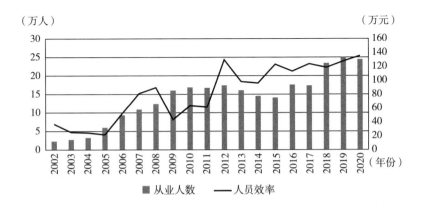

图 3-12 我国专卖店业态的人员规模与效率发展

（五）专业店业态的发展现状

1. 专业店业态的零售额与坪效

我国连锁专业店业态的整体零售额近年来呈现出了比较明显的增长趋势，从 2002 年的 657.48 亿元增长到了 2020 年的 18245.41 亿元，年均增长率为 20.28%。与此同时，我国专业店业态的营业面积也增长明显，从 2002 年的 352.55 万平方米增长到 2020 年的 8512.61 万平方米。但是 2013 年之后，我国连锁专业店的营业面积就基本保持了稳定。

然而，我国连锁专业店的经营效率却出现了比较明显的倒 "U" 形趋势，坪效从 2002 年的 1.78 万元增长到 2013 年的 3.28 万元，随后又下滑至 2020 年的 2.14 万元（见图 3-13）。

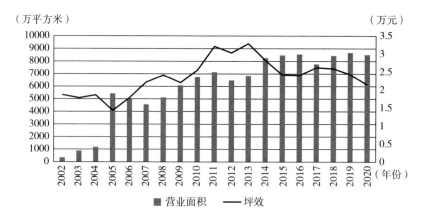

图 3-13 我国专业店业态的零售额与坪效发展

2. 专业店业态的门店效率

我国的连锁专业店业态的门店规模近年来呈现出非常明显的增长趋势，从 2002 年的 12177 家增长到 2020 年的 152404 家，年均增长率为 15.07%。

然而，我国连锁专业店的门店效率也出现了比较明显的倒 "U" 形趋势，单店销售额从 2002 年的 539.9 万元增长到 2011 年的 2395.4 万元，随后又下滑至 2020 年的 1197.2 万元（见图 3-14）。

图 3-14 我国专业店业态的门店规模与效率发展

3. 专业店业态的人员效率

近年来，我国连锁专业店业态的人员规模呈现出了先增长后下降的趋势，2002 年的人员规模为 14.86 万人，到了 2011 年达到 96.31 万人，而到了 2020 年又下降至 80.36 万人；与此同时，专业店业态的人员效率却出现了比较明显的提升，从 2002 年的 57.31 万元增长到 2019 年的 227.05 万元（见图 3-15）。

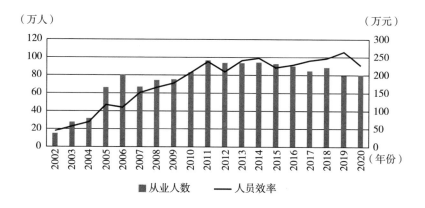

图 3-15　我国专业店业态的人员规模与效率发展

四、互联网发展对实体零售业的影响

（一）互联网环境下的实体零售企业的发展现状

近年来，网络技术和网络零售给传统的实体零售行业带来很大的运营和竞争压力，很多实体零售企业都面临客源下降、现金流承压等问题，企业经营一度陷入困境。而 2019 年底新冠肺炎疫情的暴发又进一步加剧了实体零售企业的经营困难。但到了 2021 年，随着我国国内疫情防控成效显著，消费市场逐渐恢复，市场销售持续改善，各类实体零售店铺的经营绩效回升的同时也进一步助推了线上与线下业务融合的发展步伐。

1. 互联网环境下的百货店发展

（1）网络零售的分流加剧。

如今，伴随着电子商务的迅猛发展，百货商场的停业成为普遍趋势，全国范围内各大城市如北京、天津、沈阳、南京等地关于老牌百货商场倒闭的新闻屡见不鲜，可以说近年来的实体百货店进入了低迷期，生存空间不断受到压缩。

以2015年到2021年为例，6年时间，线上实物商品零售额占社会消费品零售总额的比例从10.7%增长到24.9%，占比增加1倍多，零售额增加2倍。另外，2020年之前，网络零售占社会消费品零售总额的比重每年增长2个百分点左右，而2020年因新冠肺炎疫情原因，网络零售占社会消费品零售总额的占比提高了4个百分点。中国互联网络信息中心公布一项报告，我国从2013年起，线上零售市场已连续8年为全球最大。

从消费结构来看，一些产品品类的线上份额远远超出24.9%这一平均比例。比如，家电产品，线上占比在一半以上，纺织服装、家化家清与休闲食品也有不错的线上渗透率。而这些商品品类很多都是传统的百货店的重点经营品类。从某种意义上讲，正是基于这点原因才使众多百货店经营困难。

（2）文娱占比增加提升消费品质。

随着我国社会消费规模不断增长、增长速度逐步放缓，我国居民的消费结构也出现了显著的变化，食品类产品的消费比重不断降低，而品质升级类的消费在提高，与此同时对于休闲娱乐的需求正在逐年增加。在这一趋势下，正在转型或新建的百货商场普遍引入了文娱项目，除了增加餐饮模块，有的还尝试增加了儿童娱乐、电子数码、电影院、书吧、KTV、室内篮球馆等，节假日期间这些文娱项目往往会吸引到大量客流。

（3）数字化进程明显加速。

2020年初突如其来的新冠肺炎疫情大大加速了我国百货店的数字化进程。无论是拓展线上渠道业务的企业数量，还是企业在线上业务中投入的资源；无论是用户规模，还是销售额，都在显著增长。特别是以百货应用为主的直播带货，充分发挥了私域流量与社群营销的作用，在消费者长时间不能到店购买商品的情况下，这些方式为维持企业经营、满足消费者需求都做出了重要贡献。

目前，线上线下全渠道融合是百货业数字化发展的主流趋势。根据中国百货商业协会（2019）的调查结果，在样本研究的百货店企业中70%的企业都开设了公众号商城，56%的企业开设了小程序商城，46%拥有自建电商平台，具体如图3-16所示。当前百货零售企业线上与线下融合的手段更加多样化、接地气，迎合消费者新的消费需求。通过线上线下各渠道的融合，实现相互引流和交叉销售。

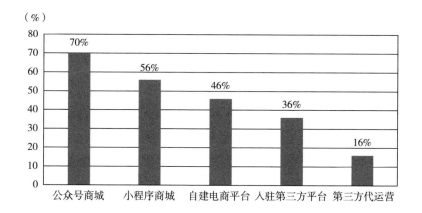

图3-16　实体百货零售的互联网转型方式

2. 互联网环境下的超市发展

在网络零售的冲击下，我国的超市业态经历了很长一段时间的经营困难，在此背景下，很多超市企业在提升自身经营效率的同时也开始了数字化转型，积极与很多线上超市平台O2O融合。持续的数字化转型帮助整体超市业态在2020年保持了正增长；由于超市属于保障民生的业态，即使在疫情防控期间也保证了正常开店。同时，超市O2O帮助超市获得了更多线上销售收入和利润空间。

（1）经营战略优化调整。

面对网络零售的冲击，很多超市企业开始对自身的经营战略和策略进行调整，采取差异化的经营战略，明确自身的目标客户人群，提升自身的运营效率。目前，精品超市、综合超市和大卖场正在成为超市业中的彼此互补的主流业态，可以满足不同人群的购物需求。其中，综合超市和大卖场因为所售商品性价比高，顺应了我国居民对商品的需求，在过去 20 年中迅速发展壮大，随着中国居民生活水平不断提高，精品超市逐渐成为满足中国居民追求购物品质需求的有效线下解决方案。

（2）主动接入互联网开展 O2O 运营。

网络零售虽然流量巨大，购物和结算便捷，但是也面临着物流配送的时效性难题，特别是对于超市主营的生活必需品和生鲜食品等商品品类，单纯的线上购物平台很难满足消费者的时效性需求。在此基础上，传统的超市企业主动接入互联网购物平台，充分利用自身的网点和前置仓优势，实现生活必需品和生鲜食品的 O2O 运营。例如，很多传统超市接入京东到家、美团等线上平台，物美超市自己推出"多点"App 实现 O2O 运营，京东、阿里巴巴推出"7-Fresh""盒马鲜生"等 O2O 运营生鲜超市等。

（3）利用互联网技术创新超市运营模式。

随着当前移动支付、大数据分析、人脸识别等创新互联网技术的不断出现，我国的超市业态也开始不断创新自身的运营模式，提升经营效率，其中最具代表性的就是近几年快速兴起的无人超市业态。

无人超市是互联网技术发展浪潮下出现的一种新型商业零售方式，根据其服务覆盖范围，可以分为无人便利店与无人生鲜超市，无人超市在很大程度上减少了劳动力成本。例如，苏宁小店、便利蜂等，通过"互联网+"的销售模式，客户共享体验和简化流程，降低了传统零售的局限性，实现供应链服务标准化（刘天一，2020）。

3. 互联网环境下的便利店发展

便利店业态依托其深入社区、24 小时服务、顾客关系密切等优势，可以很好地满足消费者即时性的生活消费和服务需求。因此，前期便利店业态受到网络零售的冲击相对较小。但是随着众多社区 O2O 服务平台的发展，以及社区团购等新型电商的出现，传统的便利店业态也开始面临日益严峻的挑战。目前，在互联网的环境下，我国便利店的发展模式主要有传统便利店、无人便利店、电商便利店和商超巨头开设的便利店等模式。

从地域分布的角度看，因为我国不同区域的经济发展状况和人口密度的差异，导致我国的便利店存在比较分散的特点，不同区域的便利店的发展水平并不平衡。总的来讲，南方沿海城市的便利店发展水平要领先于西北、西南等内陆地区，一线城市的便利店要多于其他城市（徐昱昕，2020）。

在国内市场中，处于领先地位的便利店品牌大多来自日本和中国台湾地区，我国本土便利店品牌与之相比，在集中度和品牌上仍有较大差距（李伟，2020）。便利店在我国的发展可以分为以下几个阶段：1992 年 7-11 首先踏足国内市场，2000 年左右本土便利店品牌得到快速发展，2010 年前后受到多方竞争压力的冲击，便利店度过了一段较为缓慢的发展期。如今，随着互联网技术的应用与发展，在移动支付、无人店、物流配送链方面的技术不断创新，在此基础上零售便利店得到创新转型的机遇（孙静静，2020）。

目前中国便利店业态处于快速发展阶段，从 2015 年至 2020 年，国内连锁便利店行业市场规模由 1181 亿元增长到 2716 亿元，2020 年同比增长 6.26%。同时，便利店的数量也在不断增长，从 2015 年至 2020 年，便利店数量从 9.1 万家增长到 14.4 万家，2020 年同比增长 9.09%（徐佳敏，2021）。

在商品结构方面，国内便利店企业自有品牌比例相对较低。便利店盈利模式分为自营模式和加盟模式，中国便利店目前的平均加盟店比例虽已上升至 48%，但特许加盟发展空间仍较大（徐佳敏，2021）。虽然单店平均销售额稳步增长，但比不上运营成本的上升速度，尤其是租金和人工成本。各大便利店正大力开展智能化探索，无人便利店目前虽没有成功模板，但便利店行业仍持续进行数字化变革（李伟，2020）。

4. 互联网环境下的专卖店发展

随着各大互联网电商平台的快速发展，很多品牌企业纷纷入驻电商平台，开设线上官方旗舰店，导致线下品牌专卖店的地位和业绩逐渐下滑。然而，近年来，随着线上购物市场的饱和竞争的加剧，品牌间的竞争开始更好地依赖客户体验和个性化服务。而线下的品牌专卖店可以弥补线上消费者体验不足的问题（武亮，2019）。因此，在互联网环境下，很多线下品牌专卖店正在转型，从单纯的产品销售转型为消费者的个性化服务区和商品体验店。

2020 年，受新冠肺炎疫情的影响，各大品牌专卖店线下人流骤减，同时人力、店租等销售成本加重了企业压力；整体营收在线下门店关闭和人流减少的冲击下出现下滑，但不同类型的专卖店业绩差距较大。

根据国家统计局的数据，我国连锁专卖店业态一直保持着快速的发展态势，从整体销售额来看，从 2002 年的 85.52 亿元增长到 2020 年的 3313.92 亿元，年均增长率达到 22.53%，在所有的实体零售业态中增速最高。与此同时，连锁专卖店的营业面积也快速增长，从 2002 年的 34.17 万平方米增长到 2020 年的 674.76 万平方米，年均增长 18.02%。

我国连锁品牌专卖店的增长速度之快是显而易见的，但同时也明显暴露出管理工作的滞后性。商店名称不规范、名称多，缺少必要的、有效合法的专卖手续，这些现象不仅直接损害了企业的形象和商标信誉，而且对市场经济秩序的稳定造成不良影响，增加了消费者分辨真正专卖店的难度。

5. 互联网环境下的专业店发展

网络零售的主营商品品类主要以标准品和生活必需品为主，消费者的购买不依赖太多的商品体验，而对于一些专业品而言，消费者的购买依赖直接的商品体验和专业的现场服务，而线下的专业店则可以更好地满足这一需求。因此，在我国网络零售的冲击下，线下的专业店却依然保持着快速的增长态势。根据国家统计局的数据，近年来，我国的连锁专业店的门店数量一直保持快速增长，即使在 2020 年受新冠肺炎疫情影响的情况下，连锁专业店的门店数量依然增长了 9.53%，达到 15.2 万家。

近年来，随着市场越来越细化以及产品专门化的发展，专业商店获得了较好的发展。与过去老式的专业商店相比，现代的专业商店成长快速：第一，营业场所空间扩大，门店的环境改善；第二，经营较高档次的商品，如高档时装、装饰、香水、钟表、皮包，所以专业商店会被定义为经营某一类高档商品的商店；第三，售货方式以开架自选为主，为顾客提供购物便利（贾文艺，2019）。

未来专业店发展有两种趋势：一种是品类越来越细化，如筷子专业店；另一种是品类杀手（大型专业店），如迪卡侬、孩子王等。

（二）互联网环境下实体零售企业发展问题与挑战

1. 对实体零售企业的供应链管理提出更高要求

在互联网环境下，实体零售企业供应链管理方面的问题与挑战并存。零售企业供应链管理的后端自动化程度越高，提供的操作效率越高，但自动化程度越高，对于操作化的要求就越高，同时操作化的成本也会提升。对于零售企业而言，构成供应链管理成本的主要有：运输成本、库存存货成本、存货管理、退换货、订单处理等（漆礼根，2017）。

（1）成本管理问题。

不管是大企业还是小企业很多员工都认为成本的管理只是个别部门个别人的工作，供应链成本管理在企业的内部管理中具有巨大的提升和发展空间。在这一方面，企业对员工的培训和教育存在缺失，导致大多数员工没有从本质上意识到成本管理的重要性，更不用说供应链成本管理了（刘融，2015）。此外，部分企业高管也缺乏对成本管理的整体意识，只是将重点放在采购成本和支出的减少上，而对供应链成本管理缺少整体考虑。

近几年，信息和网络平台建设不断加速，但由于担忧自身利益难以保证，供应链上各个节点的企业难以实现真正的协同合作，形成协同合作的一体化机制也就无法实现（陈同同，2020），同时，互联网环境下，实体零售企业的库存成本也是问题，因此不能够提供最低的成本（任继玲，2007）。

零售企业为了提高自身知名度，推广产品，往往会通过增加线上线下的营销投入这一手段。实体门店的主要宣传方式为电视广告等传统媒体，需投入较多的资源。网络营销的宣传方式则是通过新兴媒体，包括邮件、网站、搜索引擎排名等，优点是针对性强，能够利用大数据技术精确定位目标群体；劣势在于新兴媒体资源有限，而且互联网企业对营销宣传的需求越来越多，其相关的营销成本也就不断攀升。

（2）效率管理问题。

供应链作为一种典型的动态复杂系统，首先，从供应链网络结构来看，成员之间的关系链较为松散，而不像等级链那样紧密，如供给与需求的关系、战略目标和利益关系、同盟契约和合作关系等。互联网环境下，供应链内各环节这种相互关系的不确定性更强，可以随着生产、采购或销售等业务开始或结束。其次，由于零售企业通过线上进行沟通和交流，不是面对面，这种不确定性会增强，使零售企业的生产效率、采购效率、沟通效率大大降低。

虽然供应链整体绩效的优劣由各个供应链的节点绩效所决定，但每一部门都是互不影响的单元，都存在各自应当实现的目标与使命。在互联网环境下，某一部门的目标和供应链的整体目标可能会是毫无关系的，更有可能是相互冲突的。因此，这种各部门相互割裂、各行其是的行为必然会影响供应链的整体运行效率。

正是由于这个原因，零售企业为了提高运营效率，降低经营费用，从过去的一个供应商那里采购一种商品，转变成向一个供应商采购多种商品，从与多个供应链的合作关系转向和一两个供应商建立稳定的合作关系（倪伟忠，2019）。

在供应链中，各个节点企业之间的需求预测、库存状态、生产计划等都是供应链管理的重要数据，这些数据由不同的供应链组织收集，要想实现快速响应用户需求，就必须实时地传递各个节点的数据，因此需要调整与改变供应链的信息系统模型，然而目前许多企业还未能建立集成信息系统，这就导致当供应商想要即时获得用户的需求信息时，往往无法立即得到准确的信息。而延迟就会造成误差和降低库存量的精准程度，也会影响短期生产计划的实施。

（3）商品质量控制问题。

互联网环境下，零售企业的激烈竞争对供应链的质量控制提出了更高的要求，特别要做好商品采购、入库质量检测、生产监管、仓储运输监控等方面的质量控制，这也就相应地要求在人才招聘、技术引进以及管理等方面加大投入。

根据物流成本的特征可以分为隐性和显性物流成本。显性成本是可计算成本，主要涉及物流活动中的存储、包装、运输、装卸等环节。显性成本的优点是容易识别且计量方法固定，企业对其较为重视，但其在物流总成本中的占比不高。而隐性物流成本这部分则很难用定量分析法进行估算，其包括物流系统内部各要素之间互相制约的损耗成本、发生在物流系统之外但是由物流系统引起的成本等，这部分成本所占比重高但经常被忽视，或被企业错误地归到销售成本或管理成本当中（周建栋，2013）。

2. 对顾客服务提出更高要求

（1）更加精准的顾客细分。

近年来，零售企业愈加重视网站品牌宣传，在不同的渠道内投入宣传广告，通过扩大业务范围与更多电商平台合作，目前，各零售企业的顾客数量也达到了一定的水平，得到了很多顾客的支持。但是，很多零售企业对于市场的细分不够精准，对目标市场的客户画像不够准确，因此影响了企业的发展。具体来说，主要体现在以下几点：

首先，零售企业缺乏顾客细分的思想。近年来随着客户细分理论在各行业的应用，但对于大部分的线下零售企业而言，仍然停留在全人群服务的层面上，很少有线下零售企业提出自身具体的顾客细分方案，对顾客的分类也没有实行差异化管理。虽然零售企业对顾客越来越重视，但是对到店所有顾客的关怀也没有实行差异化。

其次，零售企业的客户细分依据不足。尽管有些零售企业对顾客进行了细分，但是细分的标准仍然停留在顾客所在社区、收入水平等少数指标上，而且细分规则比较刻板。但是顾客的价值还体现在很多方面，比如顾客的心理和行为特征、顾客忠诚度等。使用这种细分依据太过简单，缺乏对很多实际情况的考虑，由此推出的顾客细分类别不够准确，难以应用到现实的顾客类别管理上，不仅会浪费企业的物质资源，也不能正确对待高价值的顾客群体。

最后，客户细分技术不合理。许多零售企业将客户的消费频率作为唯一的细分依据，缺少相关理论依据作为支撑，在实际的应用中也缺乏合理性。因此顾客细分依据还需全面考虑，增强顾客细分的准确性。

（2）更加个性化的顾客价值界定。

我国零售行业已形成了多种所有制、多种经营形式、跨地区跨行业的立体化竞争格局，逐渐步入能够满足不同目标市场和不同层次消费需求的以连锁经营为主的业态多样化时代。

互联网环境下，人们的消费观念、生活方式都已经发生了深刻的变化；追求个性化服务、追求品牌、追求体验、追求档次和氛围。所有这些消费者追求的价值变化对我国零售企业的经营战略和营销策略都产生了深刻的影响。

目前，顾客需求的多样化、消费观念的转变，使顾客价值的界定和有针对性地提高存在一定的困难。顾客通过线上和线下各种渠道购买产品，零售企业通过顾客下单能够了解顾客的偏好，后期的跟踪如产品使用的评价等还有待于进一步提高，同时，顾客的使用效果和评价也不能够第一时间进行反馈，零售企业不能够更好地去评价和测量顾客价值，因此为顾客、为零售企业后续的营销推广带来了一定的困难。

（3）更加顺畅的顾客购物体验。

随着电子商务不断发展，众多零售企业开拓线上渠道业务，竞争进入白热化。顾客对于购物的诉求也从最初的追求低价，逐渐转向完美、个性化的购物体验。因此，能否提供优质的顾客体验，已成为决定电子商务营销成败的重要因素，而服务过程的细节会直接决定顾客对购物体验的评价。

首先，互联网环境下，顾客体验对于零售企业来说不仅重要，而且相对于线下零售更是尤其重要。电子商务是企业提供虚拟市场，顾客在其中购买，但是无法触摸到商品，需要通过文字和图片信息来评价商品。在实体店中购物也是同样，顾客要对门店的购物环境形成一个认知，而对购物环境的评价取决于商品所传达的信息，所以信息描述的方式会影响顾客在购物时的判断。

其次，消费者网络购物流程比实体店购物复杂，消费者的商品挑选、支付和顾客服务需要通过线上工具来实现，商品从零售企业到顾客又要经过物流配送环节。因此，消费者在购物过程中的付款、货运的感受也都会直接转嫁到对卖家的整体评价上。

再次，顾客从购买到拿到商品存在时间差，在此期间顾客对所购商品和零售企业的评价可能会发生变化。顾客在选择商品时存在冲动性，在这一时间点十分喜爱这件商品，但经过商品发货、送货的过程后，等到实际拿到商品的时候已经失去了最开始的新鲜感。

最后，顾客在线上购买产品都是依托 IT 技术来实现的，而有些环节不能仅依赖技术来实现。例如，促销时的买赠活动、不同店铺的积分使用问题、优惠券的使用限制、退换货等。在购物过程中，当顾客不能通过简单直接的方式获得促销优惠，那么势必会降低顾客对购物的满意度。

（4）更加协同的跨渠道融合。

近几年来，随着消费者跨渠道购买行为的迅猛发展，通过各种线上和线下渠道挑选和购买产品正逐渐成为当下消费者购物的主流模式。

然而，在过去的很长一段时间里，很多零售商和品牌商都采取了线上和线下渠道相互区隔的策略，为不同的零售渠道提供不同的产品和价格体系。而在多渠道购物的环境下，这种相互区隔的渠道策略，往往会给消费者带来品牌认知的失调和困惑，进而影响消费者的购物价值体验。

对同一家零售企业的线下和线上渠道，消费者通常会持有一致的态度，当消费者在零售商的实体店购物中获得良好的体验，会与该零售商品牌建立起信任关系，那么消费者也会倾向于选择该零售商的线上渠道购买产品。因此，消费者在线下渠道与线上渠道的转换过程中，为了避免因认知失调导致的不舒服，从而坚持对零售商线上和线下渠道的态度一致性。也可以说是消费者通过此前实体店的体验形成了关于实体商店服务价值的好感，并对消费者感知的线上服务价值具有正向影响（Jones 和 Kim，2010；Fernndez-Sabiote 和 Romn，2012）

目前，在网络购物环境下消费者对产品价格的关注已经减弱，企业不能仅靠价格战来获得网络顾客，而是应该通过对各个零售渠道进行整体规划，协同不同渠道的功能和特征，为顾客提供高附加价值的服务来提高他们的购买意向（张宇和韩春怡，2007）。

（三）互联网环境下的实体零售企业的经营转型

在现代互联网技术和网络零售的冲击下，给传统的实体零售企业带来竞争压力的同时也带来了转型机遇。互联网技术开始越来越多地融入零售企业管理运营的各个方面，对传统的商业模式进行改造。因此，在网络零售冲击和互联网技术改造的共同影响下，很多实体零售企业不得不选择转型，以求得自身在未来的竞争优势。而在互联网转型的过程中，不同的零售企业又采取了不同的经营策略，具体包括自建网络零售平台、入驻第三方网络零售平台、开发 App、微信商城、线上线下融合发展等方式。

1. 实体零售企业自建网络零售平台

实体零售企业拓展线上渠道的方式包括自建网络商城或收购第三方购物平台，发挥线下商品体验，线上商品购买，协同品牌传播，统一售后服务等作用。一方面，实体零售企业通过自建或收购网络零售平台，能够将实体门店的商品放到线上渠道供顾客选择与购买；另一方面，零售企业可将电商平台内顾客对商品购买和售后的反馈共享至线下渠道，帮助实体店增添新的购物体验。

2. 入驻第三方网络零售平台

在国内电子商务已经发展了近 20 年，在网络零售平台购买商品已经成为我国消费者普遍采用的一种购物方式，并催生除了天猫、京东等全球知名的网络零售平台，在这些电商平台上每天都会产生数以亿计的销售额。很多实体零售企业可以依托自身的商品资源，借助京东、天猫等第三方网络零售平台的客户流量，为自身开拓新的线上销售渠道。

3. 开发移动 App、微信商城

随着智能手机、移动平板的普及，以及 4G 和 Wi-Fi 等网络服务的全面覆盖，使众多顾客选择在移动端完成购物。选择手机等移动终端已成为人们购物、订酒店、买机票等活动的最先选择。毕竟通过手机等智能终端可实时获取商品信息，随时随地完成购物（王国顺和何芳菲，2013）。随着移动互联网的普及，将进一步推动实体零售企业转型升级。还有微信商城、支付宝等移动购物方式的出现，使消费者可以轻松地在手机上浏览商品，迫使实体零售企业加快在移动端的布局加速。

4. 第三方代运营

由于在网络零售环境下，对于店铺页面的设计、商品的展示、顾客的引流与转化、顾客沟通与服务等方面都需要较强的专业技能和人才，这对于很多传统实体零售企业的互联网转型提出了很大挑战。因此一些实体零售企业为了降低互联网转型的风险，便将网络零售业务外包给一家专业的第三方代运营公司，负责网络零售的引流和转化，而自身则主要负责供应链管理、货品挑选和物流服务等后台工作。

5. 线上线下的融合发展

实体零售企业转型的最终目的必然是期望实现实体店铺与网络零售的全面协同发展，在此技术上，很多学者都提到了"新零售的概念"。一方面，实体零售企业积极拥抱互联网，通过在线零售、移动电商等的布局，完成了线上渠道的覆盖；另一方面，互联网零售巨头与实体零售企业联手，努力将其庞大的线上流量引导至实体店完成消费，形成购物闭环，进而实现线上与线下渠道的融合，为消费者提供全时空、一体化的购物体验。未来零售业的发展方向就在于网络零售与实体门店的全面融合。零售企业要想完成线上线下的全面融合，需投入非常多的资源，包括线上线下渠道的覆盖，培养零售人才、建设基础设施等都需要企业源源不断的投入。

第四章　基于顾客价值的实体零售商业模式构成

一、实体零售企业的顾客价值

（一）实体零售企业的顾客价值界定

顾客价值（Customer Value）是企业战略管理和市场营销领域非常重要的概念，最早由学者 Forbis 和 Mehta（1981）提出，顾客价值是指在综合了解主要产品信息与其他产品信息，以可获得竞争产品为条件，消费者愿意支付的最高值。Zeithaml（1988）在研究顾客价值时提出，对产品和服务产生某种程度的喜爱和评论就是顾客价值。随后，学者进一步指出，顾客价值是顾客在所得利益和付出成本之间的一种判断与权衡（Woodruff，1997；杨龙和王永贵，2002），通常体现的特征是主观性、动态性、情境性与层次性（张明立等，2005）。综合来看，近年来国内外学者对于顾客价值的研究，重点集中在顾客价值的内涵构成与塑造顾客价值的企业策略两个维度。

首先，从顾客价值的内涵来看，可将其分为功能价值、情感价值和社会价值（Sweeney 和 Soutar，2001；Pura，2005；Moliner 等，2007）。其中，功能价值的含义是顾客在购买产品或服务后，实际获得的效用与预期效用之差。Park 等

（1986）认为，当顾客在特定事物上遇到问题时，会想要通过购买此产品或服务来获得解决问题的能力，满足顾客生理或心理上的需求。而情感价值则是指一项服务或产品所触发的顾客某些情感或情绪状态（Sheth，1991）。社会价值是顾客从产品或服务中所获得的社会效用。Court 等（1999）认为，顾客会通过购买某一产品或服务来提升自我形象、群体归属、角色地位与自我区别意识。

其次，从顾客价值的企业策略来看，Kolter 和 Levy（1996）认为，"消费者的满意度由其所感知到的价值决定"，因此企业需要通过实施各种策略来提升顾客感知到的价值，目前企业正在实际应用的价值策略包括产品价值、人员价值、服务价值和形象价值策略（Kolter，2000；Parasuraman，2000；Wolfgang，2001；李先江，2013）。顾客在购买商品的过程中，其购买意愿的高低受到价值感知的直接影响，顾客对所选产品或服务的感知价值与忠诚度显著相关，顾客对产品或服务的感知价值越高，忠诚度自然也就越高（丁晓燕和李艳，2009）。

目前，学术界在感知价值方面的研究已经非常成熟，国内外学者以感知价值为核心概念，在不同的情景下展开研究，详细论述了感知价值的内涵及其影响因素。范秀成和罗海成（2003）就服务业展开讨论，提出了顾客服务感知价值决定因素模型和顾客服务感知价值定位矩阵，并根据服务的基本特性，认为提升顾客的感知价值是增强服务企业竞争力的手段。周涛等（2009）通过实证研究发现，普遍连接、感知费用和安全风险是用户感知价值的重要影响因素。李雪欣和钟凯（2013）以网络用户的感知价值作为研究对象，建立起一个影响网络用户感知价值的因素模型，通过实证检验发现，感知产品质量、感知网站服务质量及购买成本均会正向影响网络用户的感知价值。

与其他企业的顾客价值相类似，在实体零售企业的经营过程中，同时向终端消费者提供各种商品组合和服务，对实体零售企业而言，可以将顾客价值分为功能价值、社会价值与情感价值。其中功能价值包括消费者到达零售店的便利程度、商品挑选的便利程度、商品结算的便利程度、物流配送的便利程度以及售后服务的便利程度等多个方面；社会价值则包括零售场所的社交活动和社会身份体现；而情感价值则包括消费者对于零售环境的情感体验、人员服务和沟通的情感体验等方面。

（二）实体零售企业的顾客价值传递

在零售业中，顾客价值已经引起了管理者的重视与关注，它在帮助零售企业改善经营管理水平方面发挥了举足轻重的作用。首先，顾客价值帮助零售企业培养消费者忠诚度，是顾客感到满意的关键所在。顾客在购物过程中感知顾客价值是在购买商品和享受服务以后，产生对商品购买和服务享受的看法，顾客满意度的提高取决于消费者对顾客价值的实际感知比预先期望的顾客价值感知程度高，感觉到满意的顾客就会进行多次购买，进一步形成了零售企业的忠诚顾客。其次，零售企业在塑造顾客价值的同时也实现了企业自身利益。以产品和服务为载体的顾客价值，可以使顾客得到实际效用与心理满足，形成顾客满意和忠诚行为的同时，也可以帮助零售企业获得稳定的市场销售和更高的利润率。

因此，零售企业的盈利和发展壮大是为顾客创造价值的结果与回报，零售企业努力创造和实现顾客价值的同时，也可以实现企业自身的利润和发展。而在实践过程中，归纳实体零售企业的顾客价值传递手段，主要包括店铺选址、商品组合、顾客服务、顾客沟通和购物环境等方面。

1. 店铺选址

顾客在选择线下实体零售店购物时，实体零售店铺的位置是极其重要的考虑因素，因此店面的选址对商家来说十分重要。实体店地理位置越优越，越会在市场竞争中占据优势，同行业者还不易模仿。零售企业在选址上会考虑到交通便利、顾客停车方便、利于购物等因素。零售店铺所处的位置交通便利，顾客在购物过程中就能节约时间，减少耗费的精力，进而创造更多的顾客价值。

2. 商品组合

实体零售企业作为一个商品展示和销售的场所，商品组合一直是零售企业打动消费者最重要的手段。

对顾客而言，商品需要的满足取决于商品组合的有效性。随着当前我国居民收入和生活水平的提升，消费者需求也日益多样化和差异化，不同人群对不同零售业态的商品需求也显著不同。因此各类实体零售企业需要根据自身的目标人群特征和市场定位，提供有针对性的商品组合方案，更好地满足目标顾客的商品需求。

此外，更有效的商品组合可以带来更好的购物体验。实体零售企业是在一定的场所内向顾客展示和销售商品，恰当的商品组合方案和陈列方式，一方面，可以帮助顾客搜索与对比商品，进而产生良好的购物体验感受；另一方面，顾客会从购物过程中获得更高的情感价值，产生强烈购买意愿，有助于改善零售企业的经营管理水平（白长虹，2001；刘研和仇向洋，2005）。

3. 顾客服务

纵观零售业的发展历程，增强企业的核心竞争力，有效提高企业的整体效益，促进企业长远发展，需要改善顾客服务，并且深度提升服务能力。鉴于此，实体零售企业追求的共同目标就是以顾客为中心、为顾客着想，进而向顾客提供周到的服务。企业需要转变营销理念，关注有形产品竞争的同时也要重视服务质量竞争，为顾客提供更优质的服务，传递更多的价值（Stiphen 等，2004）。

首先，优质的顾客服务体现在消费者购物的整个流程中。消费者在实体零售企业中的购物过程包括售前、售中和售后各个环节。因此，为了能够有效地对零售企业的顾客服务水平进行提升，在实际的发展过程中，先要对顾客服务的流程进行优化，围绕消费者购物的每一个环节进行服务改进，为消费者带来更加便利和流畅的服务体验。

其次，优质的顾客服务体现在顾客情感价值的塑造上。如今的消费者越来越追求购物过程中愉快的心情，除了要买到优质的产品外，还要受到尊重、得到关怀。因此，实体零售企业在产品销售过程中，还应当注重人员服务，加强顾客的情感交流，为顾客提供更加个性化、多元化和情感化的服务，使顾客在购物过程中感到心情愉悦，切实从服务中为顾客传递价值。

最后，优质的顾客服务需要技术创新和理念创新。对于实体零售企业而言，要想不断地对自身竞争力进行提升，能够在日益激烈的市场竞争中占有一席之地，不断创新顾客服务技术和顾客服务理念具有非常重要的意义，不断开拓新的服务项目，尽可能地为顾客提供优质服务，以便能够满足顾客的实际需求，提升客户满意度。特别是随着互联网的迅猛发展，零售企业可以整合多方资源，采用线上线下相结合的方式对顾客进行服务管理。

4. 顾客沟通

零售企业与顾客保持良好的持续沟通关系，帮助企业传递顾客价值。零售企业为了留住顾客与开发潜在顾客，借助广告、公关、赞助等各种渠道宣传与商品和服务有关的信息，吸引顾客的目光，使顾客更好地了解企业的定位与形象、商品、服务等内容（周湘峰，2003）。

零售企业为了在顾客心目中形成一个完整深刻的印象，从而举办营销沟通活动来传递企业信息，广告的群体受众面广，零售企业可以通过电视、移动媒体等多种渠道做广告，通过广告的形式建立企业的形象，吸引顾客的注意力，从而打动受众目标。公关、赞助等方式也是零售企业与顾客沟通的重要形式。通过公关或赞助，企业形象在顾客心中根深蒂固，使其在目标市场中脱颖而出，也使企业自身更加引人注目，为顾客传递价值。除此之外，促销也是加快顾客沟通和价值传递的有效工具，零售企业通过向顾客提供一种额外的激励来打动顾客，使其大量购买产品或服务，从而使零售企业更多地传递顾客价值。

在互联网环境下，随着线上和线下零售渠道类型的日益多样化，零售场景下的产品数量越来越多，同质化程度越来越高，给很多消费者带来了认知困难，甚至困惑。因此，学者进一步提出了消费者困惑的概念，即消费者在信息处理的过程中未能正确地理解来自多方面的产品或服务信息（Cornish 和 Moraes，2015；Wobker，2015）。在此背景下，对各种线上和线下零售渠道中的商品、价格和服务等信息进行整体的规划，向顾客传递明确的和统一的信息，已经成为很多零售企业与顾客进行有效沟通和消除消费者困惑的重要策略。

5. 购物环境

零售企业的购物环境包括商店氛围和商店布置，购物氛围可以通过视觉沟通、灯光、颜色、音乐和气味设计等刺激顾客的知觉和情感反应，并最终影响他们的购买行为。同时，零售企业在销售产品时，也可以根据自身的条件提供餐饮、娱乐、休闲等配套的场所，发掘顾客价值新的增长点。

（三）实体零售企业的顾客价值实现

互联网环境下，各类零售企业之间的竞争已经成为整体性的商业模式的竞争，而顾客价值作为商业模式的核心，有助于实体零售企业获取市场竞争优势。实体零售企业通过各种手段所塑造和传递的顾客价值，可以帮助零售企业实现建立品牌优势、推动顾客参与价值共创、塑造顾客满意和建立顾客忠诚等多方面的效果。

1. 建立品牌优势

一个零售企业对于消费者而言，既代表着一个产品销售的渠道，也代表着一个品牌。以顾客价值为中心的零售企业较之其他竞争对手更容易获得品牌优势。一个具有品牌优势的零售企业在顾客心目中象征着更高的产品质量、更细致周到的服务、更公道的价格，可以培养顾客对企业的品牌忠诚度（范秀成和罗海成，2003）。与此同时，具有品牌优势的零售企业也具有更高的市场占有率和与供应商讨价还价的能力，借助规模经济效益创造价格方面的竞争优势，把成本减缩的部分返还给消费者，在增加顾客价值的同时获取更大的市场份额，取得市场营销的良性循环。

2. 推动顾客参与价值共创

随着互联网尤其是社交媒体的快速发展，顾客与企业的互动交流变得越来越顺畅，进而导致企业的顾客价值创造也变成了企业与顾客的互动过程。通过企业价值创造催生客户和企业的互动关系，进而使企业获得比竞争对手更持久的价值竞争优势（Christodoulides 等，2015）。以价值共创理论为基础展开研究，客户和公司的共同生产过程创造了价值，从企业层面来看，生产与创造产品和服务借助于企业的技术与资源；从客户层面来看，产品或服务的实际使用价值涉及能力与知识。

而对于零售企业而言，顾客参与价值共创同样具有非常重要的战略意义。一方面，顾客可以帮助零售企业进行商品和门店的口碑传播，帮助企业开拓更多的顾客群体；另一方面，顾客参与零售企业的商品和价格等经营策略的设计，可以帮助零售企业进行策略优化，同时也会增强顾客的个性化感受，提升顾客忠诚度。因此，客户参与价值共创激发互动行为的重要因素是顾客感知价值，培养品牌权益与创造品牌价值应以顾客感知价值为前提（Lemke 等，2011）。

3. 塑造顾客满意

顾客满意是零售企业为顾客提供产品与服务的驱动因素。企业以顾客为中心，从顾客的需求角度出发，通过提供优质的产品和服务为顾客创造价值，满足顾客功能性、娱乐性和社会性的价值需求，实现顾客对零售企业提供的产品或服务感到满意，从而为零售企业贡献更多的销售额和利润。因此，顾客价值与顾客满意息息相关，顾客价值的提升反映出顾客满意，顾客满意也相应地激励零售企业为顾客提供更优质的产品和服务。

4. 建立顾客忠诚

顾客忠诚是在顾客持续满意的基础上所产生的持久性的情感认同，同样与顾客价值创造密切相关。特别是在当前的社会环境下，消费者在购物过程中并不仅仅追求产品的功能价值，更看重购物过程中的情感价值和社会价值。因此，零售企业可以一方面通过合理的商品组合和价格策略满足消费者的功能价值；另一方面还可以通过个性化的服务和情感沟通，实现消费者的情感价值和社会价值，进而帮助企业建立顾客忠诚。顾客忠诚进一步又会给零售企业带来巨大的价值，忠诚顾客对价格的敏感度较低，持续进入同一零售店购物，进而可以帮助零售企业获得更高的利润率和更稳定的销售规模。

二、基于顾客价值的实体零售商业模式构成

企业的商业模式是企业创造价值的逻辑，而价值创造逻辑又聚焦于通过构建企业所处的价值网络，实现为顾客创造价值，进而最终实现为企业创造价值（Al-Debei 和 Avison，2010；Suarez 等，2013；魏江等，2012），因此，顾客价值创造是企业商业模式的核心逻辑（Morris 等，2005；Johnson，2008；Chesbrough，2010；Zott 和 Amit，2010；原磊，2009），一方面，从商业模式的价值链角度看，企业的价值链分析应当转向以顾客价值分析为出发点（孙明贵等，2006）；另一方面，从商业模式的要素角度看，顾客价值是联结企业战略与企业绩效的关键环节（范秀成和罗海成，2003；Teece，2010）。

而对于实体零售企业而言，其商业模式的核心同样是顾客价值的塑造和传递，而要实现顾客价值的塑造和传递，还需要零售企业的价值链模式和自身经营策略模式的支持。由此，本书基于顾客价值和企业价值链的角度提出实体零售企业商业模式构成的核心三要素，即基于顾客价值的塑造和传递模式；基于伙伴价值的供应链模式和基于企业价值的运营策略模式，具体的商业模式构成如图 4-1 所示。

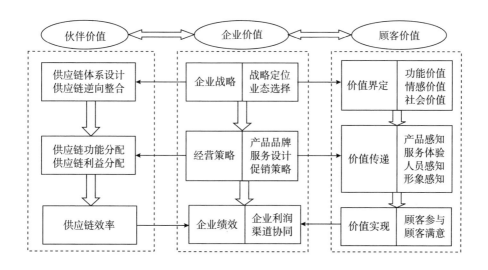

图 4-1 基于顾客价值的实体零售企业商业模式

（一）基于顾客价值的零售企业供应链模式

对于专业从事商品流通的零售企业而言，高效的供应链管理对于顾客价值的塑造和传递都具有非常重要的意义。零售企业利用价值链管理的思想方法可以实现企业利润和顾客价值提高的共赢，通过提高商品质量，降低商品采购成本，可以为消费者提供更加优质的商品，降低消费者的购物支出，进而提高顾客的功能价值；与此同时，零售企业还可以利用强有力的价值链管理实现逆向整合，推出定制生产和自有品牌策略，提高零售企业的渠道控制能力的同时也能够更好地提升消费者忠诚度。

1. 基于顾客价值实现零售企业主导的供应链逆向整合

随着消费者需求日趋呈现多样化、个性化的特点，顾客已经成为企业最重要的资源之一，零售企业逐渐形成以顾客为中心的思想理念，以顾客需求为导向，进而产生更高的顾客价值（Payne 等，2017）。而对于零售企业而言，直接服务于最终消费者，能够及时获取消费者的价值需求。因此在互联网环境下，零售企业在整个供应链中的地位和作用更加突出。因此，我国学者谢莉娟（2013）提出了零售企业主导的供应链逆向整合过程，即零售商凭借自身的分销渠道获取大量消费数据和了解市场的消费需求的优势，进而形成产品概念，直接与上游制造商建立合作关系进行产品开发，并对上游制造商的生产过程进行约束。目前，零售企业主导的供应链逆向整合模式的类型主要有源头直采、定制包销、自有品牌、买断经营、预售等模式。

零售企业通过供应链的逆向整合，影响商品生产，客户服务正向影响运营和商业绩效，即供应链整合通过生产和客户服务能提升配送效率、产品质量和生产灵活性，降低成本，提高供应链的柔性，进而提升整个产业链的市场竞争力和盈利能力。

2. 基于顾客价值的供应链功能分配和利益分配模式

在供应链的逆向整合过程中，零售企业将处于供应链的核心地位，整个供应链的各个环节都以目标顾客的价值创造和传递为目标，因此必然带来供应链的功能和利益的重新分配。

零售企业在供应链的逆向整合中，可以充分发挥自己的快速和全面获取消费者需求数据的优势，借助计算机大数据处理的能力来整合分析市场需求，构建自主采购、连锁经营的信息汇聚和自主经营的优势，形成对该渠道的精准产品需求，从而对供应链上游企业实现逆向控制，在此基础上对供应链的资源进行整合，通过再中间化策略拓展其在供应链中的功能，兼具上游流通组织的专业优势，利用"模块化供应链网络"参与到产品制造、批发、物流等供应链成员的活动中，并将差异化的产品快速投放到市场中，参与产品的品牌竞争。在提高供应链的运营效率和降低交易成本的同时，实现零售商由商品集散功能到资源聚合功能、由分担库存功能到调剂供需关系功能和由交换中介功能到指挥管理功能的转变。

商品制造企业在供应链的逆向整合中，可以充分发挥自身的技术研发能力和产品生产能力，基于零售企业的市场需求特征数据展开商品定制开发和 OEM 生产工作，能够更好地满足顾客价值需求的同时，也能够帮助生产企业降低市场风险。与此同时，在互联网电商的环境下，制造企业除了能够完成商品定制开发和 OEM 生产之外，还可以实现一件代发，直接从厂商向目标顾客进行配送，有效降低商品的仓储和物流配送成本。

（二）基于顾客价值的零售企业经营模式

1. 基于顾客价值企业市场战略

企业战略是指对一个企业或组织在一定时期根据组织外部环境和内部条件设定企业的战略目标，为保证目标的正确落实与进度谋划，并依靠企业内部能力将这种谋划和决策付诸实施，以及在实施过程中进行控制的一个动态管理过程，进而获取竞争优势。而市场战略则是在企业战略体系下，企业对于目标市场选择和定位的决策，直接影响着企业的市场经营策略。

基于顾客价值的市场战略首先需要明确目标客户人群，然而在过去很长一段时间，大部分的线下零售企业仍然停留在全人群服务的层面，很少有线下零售企业提出自身具体的顾客细分方案，没有区别化地进行顾客分类管理。因此，基于顾客价值的零售企业市场战略的首要工作就是对顾客进行细分，分析不同顾客的商品需求心理和行为特征，在此基础上，结合自身的资源优势和对竞争对手进行分析，明确零售企业的目标人群和市场定位，进而为零售企业的经营策略提供方向。

2. 基于顾客价值的企业经营策略

在市场战略指引下，零售企业需要进一步对目标市场的需求特征和顾客价值进行界定，然后通过一系列的经营策略，将顾客价值有效地传递给目标市场，具体的经营策略包括商品选择、自有品牌、顾客服务、顾客关系和促销沟通等多个方面。

（1）根据顾客价值属性进行商品选择。

不断提高的收入水平与不断进步的社会生产力造就了以顾客为中心的消费时代的来临，需求逐步倾向于多样化和个性化发展，众口难调，零售企业试图满足所有顾客的需求是很困难的事情，企业需要根据目标顾客的需求来进行产品选择，以此满足顾客的需求。不同需求的顾客，所需要的产品类型和服务是不同的，要想同时满足顾客的多样化需求，需要零售企业根据顾客的价值属性来选择产品，只有提供给顾客与其自身价值相匹配的产品，才能够使顾客感到满意，从而在超出其预期的情况下，提高顾客忠诚度，为企业带来更多的经营绩效。

（2）以顾客价值为导向的自有品牌策略。

零售企业自有品牌要吸引顾客，通常采用刺激手段，使顾客接触到自有品牌，可以将自有品牌的商品放在有利的展位上吸引顾客，通过降价、提高产品质量等方式让顾客对自有品牌有新的认知。零售企业可以通过广告、促销等多种方式来提高自有品牌产品的品牌形象，加深顾客对自有品牌的印象，从而吸引顾客前来购买。

零售企业可以采用自有品牌的组合策略来吸引顾客。企业可以按照自有品牌的价格对顾客群体进行细分，同时还要考虑顾客价值这一重要因素，从低价自有品牌产品、标准价自有品牌产品到高价自有品牌产品，根据不同类型自有品牌产品的类型和特点吸引顾客，也可以根据顾客的特别需求建立个别的自有品牌，有弹性地迎合顾客需求。

（3）维系与顾客的良好关系培养顾客忠诚度。

根据不同的顾客价值，开展以信息技术和网络技术为特征的关系营销。作为一个开放的系统，零售企业在从事各种经营活动时，不仅要重视顾客，还要重视大环境中的各种关系：企业和顾客的关系、企业与其上游企业的关系、企业的内部关系等。顾客关系营销是关系营销的中心和最终目的。企业和顾客之间存在共同的利益，顾客为了得到使用价值而支付价值，企业为了实现价值和获得利益而让渡产品。因为企业和顾客之间有合作和依存关系，所以企业和顾客之间应该长期合作，以此达到双赢的目的。

（4）个性化的顾客服务设计。

服务设计的关键是以顾客为先，对于零售企业来说，以顾客价值为基础，对自己的产品和服务进行设计，是企业为顾客提供好产品的前提。服务设计既可以是有形的，也可以是无形的。顾客在售前、售中、售后获得的体验决定着一个品牌和企业的整体品质在顾客心目中的地位。顾客与交通、环境、行为等因素彼此结合就是服务设计，并讲究以人为本。

零售企业以顾客价值为基础做好服务设计，可以有效地提高品牌和企业的整体形象，提高服务效率进而减少成本付出，使顾客对服务产生更大的满意度。企业要想获得更多的投资合作与发展机遇，需要改善品牌形象与知名度。企业对于服务的内容进行有效控制和管理，能为企业带来长远的利益与回报。

（5）基于顾客价值的促销沟通策略。

对于零售企业来说，基于顾客价值的促销策略是使顾客产生购物行为的重要影响因素。零售企业促销策略的重点可以放在商品价格、产品丰富度、辅助促销手段等方面上，使顾客感知到促销让利诱惑性、促销品类丰富性和促销活动趣味性比平常更强烈。另外，还可以通过媒体宣传、舆论引导等社会影响方式营造全民参与的感染性。合理的促销策略对于零售企业至关重要，一是根据提供信息情况，及时引导采购；二是使顾客产生购买意愿，扩大需求市场；三是突出产品特点，建立产品形象；四是维持市场份额，巩固市场地位等。

三、实体零售商业模式与顾客价值的互动机制

正如本章图4-1所示，实体零售商业模式中顾客价值、企业价值和伙伴价值三个要素彼此之间并不是相互独立运行的，而是彼此有联系与影响的互动过程。基于零售企业价值链逆向整合的伙伴价值，以及零售企业自身的市场战略和经营策略都会对顾客价值产生显著的影响，并最终影响到顾客忠诚、供应链效率以及企业的经营绩效。

（一）实体零售企业的经营模式与顾客价值互动

实体零售企业的市场战略的制定，经营策略的分析和选择以及具体实施，都离不开对目标顾客和顾客价值的分析，都需要建立在顾客价值的分析基础上，因此，顾客价值分析也构成了实体零售企业经营策略的制定、实施和评估的基础。与此同时，实体零售企业市场战略的制定会帮助企业更加明确顾客价值的界定，

而经营策略的实施又会更好地塑造和传递顾客价值，最终帮助零售企业获得顾客忠诚和经营利润。

1. 市场战略与顾客价值的互动关系

对于零售企业而言，要想在互联网环境和网络零售冲击下，以及行业内激烈的市场竞争中生存下来，树立顾客价值导向的企业战略和商业模式具有非常重要的意义。然而，要以顾客价值为导向，首先需要明确自己的顾客所在，识别潜在顾客的顾客价值是合理界定目标顾客的前提，对服务对象的充分了解，帮助企业目标定位准确（罗青军和李庆华，2002）。一个对目标顾客和顾客价值了解得越清楚的企业，其市场战略将更具有针对性和环境适应性。

而实体零售企业基于顾客价值的市场战略进一步又会更加有效地促进顾客价值的界定与实现。首先，零售企业的市场细分和目标市场选择战略会帮助企业更加清晰地认识目标顾客的需求特征，更加准确地界定目标顾客的价值需求；其次，零售企业市场定位战略，会帮助零售企业梳理鲜明的品牌和渠道特色和文化，进而塑造和传递目标顾客的情感价值和社会价值。

2. 经营策略与顾客价值的互动

实体零售企业的经营策略包括店铺选址、商品组合、品牌策略、服务设计、促销沟通等多个方面，而每一个策略的设计与实施都离不开企业市场战略的指引和目标顾客价值的分析。零售企业关注并分析顾客行为并进行沟通交流，为了探究顾客价值的动因与变化结果，说到底就是分析顾客价值，然后运用有针对性的经营策略来迎合和满足顾客。因此，零售企业需要根据提升顾客价值和顾客购物体验来设计自身的经营策略（徐宏扬和金环，2018）。

而消费者在实体零售企业中的顾客价值则包括功能价值、情感价值和社会价值等层面，而这些价值则需要通过消费者对零售企业的产品感知、服务体验、人员感知、形象感知等来实现。不同层面的顾客价值所需要的产品类型和服务是不同的，要想同时满足顾客的多样化需求，需要零售企业根据顾客的价值属性来选择产品，只有提供给顾客与其自身价值相匹配的产品，才能够使顾客感知到功能价值。零售企业自有品牌的上市，能够使顾客感知到企业形象或产品形象，往往自有品牌个性化的打造，能够向顾客传递企业价值和企业形象，进而满足顾客的情感价值。零售企业以顾客价值为基础做好服务设计，可以有效地提高品牌和企业的整体形象，使顾客对服务产生更大的满意度。零售企业促销策略的设计，能够有效吸引顾客的同时，也可以提高顾客体验，从而提升顾客情感与社会价值。

（二）实体零售企业的供应链与顾客价值互动

将供应链各环节之间的关系进行分析，并改变价值链中的若干价值活动，可以使供应链更优，从而降低成本，提高产品质量，增加顾客价值，提高供应链的市场竞争优势，最终获得供应链增值最大化（张鸣和王明虎，2003）。对于零售企业来说，建立独特的营销优势，加强客户关系管理，提高顾客获取的能力，以较低的成本为顾客提供较大的增值是获得竞争优势，以及构建供应链核心节点的重要途径。因此，零售企业需要通过提高顾客价值和购物体验来优化供应链，使供应链的价值增值逐步变大。

通过对零售企业供应链的分析，企业可以深入了解顾客关注的价值，从而把握住供应链的关键环节并进行顾客价值的创造。另外，通过高效的供应链管理，零售企业可以更好地把控商品品质，降低采购成本，提升物流效率，进而为顾客提供更加优质的商品组合、更加低廉的商品价格和更加便捷的配送服务，进而更好地满足顾客的各种功能价值；与此同时，通过供应链的逆向整合，可以帮助零售企业生产制造更加迎合目标顾客更加个性化的需求，通过推出自有品牌，可以帮助零售企业塑造更加个性化的品牌文化，进而满足顾客的各种情感和社会价值。

四、互联网环境下实体零售企业的商业模式变化

（一）互联网环境下的顾客价值变化

相较于实体零售，互联网的迅速发展使越来越多的顾客选择线上消费。随着互联网环境的变化，顾客的价值也在发生着变化。从顾客价值的界定上来看，在互联网环境下，消费者的网购价值更加多样化和个性化，在购物过程中也更加看

重购物体验。从顾客价值的传递上来看，互联网环境下，要求信息传递快速准确，为顾客带去更多的便捷，从而提高顾客的参与度。针对不同的顾客群体，及时提供个性化的产品和服务，以此提高顾客价值。从顾客价值的实现上来看，网上购物品种丰富、方便快捷，更有利于提高顾客的满意度，从而提高顾客对企业的忠诚度（孙永波等，2018）。

与此同时，随着互联网特别是社交媒体的不断发展，企业与顾客之间的沟通变得越来越便捷，企业与顾客之间的关系也相应地发生了转变，顾客已经不再只是一个购买者的角色，而变成了企业产品、服务和传播的参与者。因此，如今的企业与顾客的互动关系，从传统的经济交换关系转变成为价值共创关系（Vargo 和 Lusch，2004）。

对于零售企业而言，由于直接服务终端消费者，因此顾客在消费过程中能够更深入的参与，具有较大的价值共创潜能（郑春晓，2021），而在互联网环境下，则进一步提升了顾客参与零售企业价值共创的积极性和创造性（殷明，2020）。近年来，已经有很多学者开始讨论零售企业，特别是互联网环境下的新零售与顾客价值共创问题。国外学者 Oh 和 Teo（2010）首先提出，全渠道的零售情境对传统零售企业的服务逻辑和价值共创都提出了新的挑战，零售企业需要根据不同渠道的价值创造和传递机制对线下和线上服务进行整合。我国学者万文海和王新新（2013）提出，全渠道零售的价值共创属于消费领域的价值共创，是全渠道零售体验价值的共创过程。在此基础上，沈鹏熠和万德敏（2019）进一步指出，互联网环境下零售企业与消费者的价值共创是整合线上线下的渠道资源与消费者共同创造零售服务、产品与体验的过程，也是消费者与零售企业共同创造线上线下零售环境和条件的过程。在零售企业的顾客参与价值的共创过程中，消费者的分享、合作和互动等行为会显著提升消费者满意度（彭艳君和郝梦丽，2018）。与此同时，顾客价值共创通过认知体验价值和情感体验价值的中介作用对全渠道零售品牌资产产生积极影响（沈鹏熠等，2021）。

（二）互联网环境下的实体零售企业经营策略变化

互联网环境下，实体零售企业的经营策略也在发生着变化。从产品选择上来看，各种 App、小程序、购物网站等提供全方位、多角度的服务，顾客可以选择的范围更广了。从零售企业的自有品牌上来看，借助互联网营销，企业对自有品牌的宣传渠道更广了，同时，线上宣传节约成本，能够有针对性地吸引目标顾客，从而提高顾客对自有品牌的认知。

从零售企业的服务设计上来看，企业利用大数据对目标顾客的需求、偏好等进行分析，保证产品质量和整体的服务能力，维护顾客关系，实现满足需求的精准化营销，提高顾客价值。从促销策略上来看，互联网环境下，零售企业利用广告、公共关系、促销等策略不仅节约了成本，也提高了效率，从而使企业效益最大化的同时，提高了顾客价值。

（三）互联网环境下的实体零售企业的供应链变化

零售企业的出发点是以顾客为核心，致力于满足顾客的多样化、个性化需求，更有效地适应市场需求的改变，供应链上的每一个环节都应该进行多种形式的整合与优化。互联网环境下，从供应链的基本增值活动上来看，材料供应、成品开发、生产运行、成品储运、市场营销和售后服务等环节在向着更快传递顾客价值、减少时间成本、提高运行效率方面发展。从供应链的辅助性增值活动来看，组织建设、人事管理、技术开发、采购管理等环节有了互联网技术的支持，为零售企业节约成本的同时，也提高了工作效率，使企业自身从激烈的同质化的行业竞争中突围出来，打造差异化的竞争优势和提升盈利能力，增强企业对供应链的控制力。

除此之外，零售企业供应链管理的技术含量也越来越高。一方面，零售企业可以通过引进先进技术和技术创新，改进产品组合方案设计、产品采购流程设计和物流配送设计，进而给零售企业带来差异化的商品供应，而低廉的商品价格和快捷的快递服务可以提升顾客的感知价值；另一方面，零售企业更加注重顾客资料的收集，建立顾客资料数据库及顾客反馈系统的数据和信息，通过大数据分析，及时了解顾客的真正需要，并设计出满足顾客期望的产品或服务（李春侠等，2015）。

第五章　互联网环境下实体零售企业的供应链逆向整合

一、实体零售企业供应链逆向整合的发展背景

（一）实体零售企业供应链逆向整合的实践背景

在以消费者为中心的营销时代，如何更好地满足消费者日益多样化、个性化的消费需求，为消费者创造和传递更高的顾客价值已经成为很多零售企业及其供应链成员面临的共同任务和挑战。以"脱媒"和"去中间化"为基本特征的供应链结构转型，是供应链成员寻求提高对市场需求变化的响应能力、增强企业市场竞争力的重要表现。

从企业实践的角度来看，供应链的"去中间化"既包括制造商主导的正向整合，也包括流通企业主导的逆向整合。随着互联网技术的发展，打破了原有的信息不对称和有限的空间，制造商可以直接与用户建立沟通渠道，为了能够更及时地获得市场需求变化和快速的信息，以满足不断变化的市场需求，制造商纷纷开展了直销渠道，如海尔、格力、李宁、茅台等企业通过自己的在线销售平台或天猫、京东等开放平台直接向消费者销售产品。以制造商为主导的供应链"去中间化"改变了其在供应链体系中的功能和角色，冲击了传统流通企业的生存

空间。

与此同时，在互联网技术和网络零售快速发展的冲击下，苏宁、京客隆、永辉及一些大型零售企业为了满足制造商直接渠道建设的挑战，摆脱在业内同质化竞争的困境，利用可以直接接触消费者需求并获取信息资源的优势，开始了供应链逆向集成实践的探索。通过零售终端的功能对供应链进行自下而上的资源整合，零售企业可以加强对上游供应链的约束力，甚至成为供应链的主导者，获得提高资源配置效率、自身供应链系统的盈利能力和竞争力优势。

近年来，我国许多实体零售都开始了供应链逆向整合的尝试。例如，北京的超市发在近年来不断扩大生鲜产品经营规模和商品占比，注重建设生鲜直采基地。截至 2019 年，超市发在全国范围内共开发建设了 115 个生鲜直采基地，其中进行源头直采的果蔬类生鲜产品的比例超过了 80%，并且生鲜产品的采购成本也不断降低。此外，北京超市发在对生鲜产品进行源头直采的基础上，开发了果蔬类自有品牌"超之鲜"。而北京另一家零售企业京客隆的年报显示，近年来零售业务的毛利率不断上升，从 2016 年的 12.5% 上升至 2020 年的 17.15%，其中很大一部分原因就是其对重点骨干商品，通过批量买断或定制方式，降低了成本，从而提升了毛利。而永辉 2020 年年报显示，公司实现营业总收入 931.99 亿元，同比增长 9.8%，净利润 17.94 亿元，同比增长 14.76%，也是得益于重点推动品质定制及品牌代理战略，其拥有的悠自在、田趣、优颂 3 个自有品牌在各品类中表现良好，这对企业的毛利润增长起到了非常重要的作用。此外，永辉还继续加强与东展国际等代理买家的合作，通过云商食品百家海外直接采购模式，采购商品销售额同比增长 64.6%，融合线上线下营销模式，实现交叉分流，从而最大限度地活跃线上和线下的客户群。

实体零售企业进行的源头直采、品质定制、自有品牌等供应链逆向整合的经营实践，不仅有助于提升零售企业的差异化竞争能力和企业盈利能力，还有助于提升零售企业与供应商的谈判实力。同时也反映了零售企业增强对渠道控制的发展趋势，而零售企业对渠道的控制力也是零售企业渠道权力的外化表现。

（二）实体零售企业供应链逆向整合的理论背景

与此同时，国内外的很多学者都开始关注零售企业的供应链整合问题，指出零售企业在以消费者为中心的市场中占有越来越重要的地位和资源优势。零售企业可以利用其资源优势对供应链进行逆向控制，进而整合供应链资源（Ertek 等，2002；陈晓，2009；Xiao 等，2010）。甚至建立了零售企业主导的供应链模型来改变原有的制造商主导的供应链模型，零售企业对供应链的上游环节实施纵向约束，即零售企业主导的供应链逆向整合（谢丽娟，2015）。

随着零售企业自有品牌、定制包销等经营实践的快速发展，产品开发、定价和营销，逐步从生产商向零售企业转变，从而增强了零售企业在商业操作上的力量。而随着供应链主导权的转移，零售企业对渠道的控制，即零售企业的渠道权力也将发生变化。Tsay（2000）的研究指出，在现有的渠道中，从制造商到零售商的渠道权力转移活动非常显著。

正是基于上述背景，本书选择零售企业主导的供应链逆向整合实践作为研究对象，分析研究零售企业实施供应链逆向集成所实现的资源整合，零售企业实施供应链整合后在供应链中实现功能扩展和资源变化，并探索不同供应链逆向整合模式下不同资源基础对零售企业渠道权力获取的影响。

二、零售企业供应链逆向整合的理论基础

（一）零售企业推动供应链逆向整合的动因

1. 顾客需求变化促使零售企业供应链逆向整合发展

Payne 等（2017）提出客户是企业最重要的资源之一，了解客户需求、创造客户价值成为企业关注的焦点，企业的经营理念正从以产品为中心向以顾客为中心转变。与此同时，我国学者李冠艺和徐从才（2016）在研究中指出，通过消费者的需求偏好来引导生产和流通，这就要求供应链成员快速获取和处理消费者的

需求，而传统的以制造商为主导的推动供应链的产销分离，层层分布的格局不能完全满足消费者多样化和个性化快速变化的需求。谢丽娟（2015）进一步指出，零售企业在供应链末端具有点多面广、能够直接接触最终顾客的优势。通过与顾客建立信任关系，他们可以获得全面而具体的关于顾客消费需求的第一手信息。为了快速满足市场需求，零售企业需要与供应商合作，在需求端指导顾客需要，这使零售企业逆向供应链集成需求和机遇，实现供应链一体化的集成，提高供应链的需求满足速度，并提供给顾客满意的服务和产品，以获得顾客对品牌的忠诚度，获得顾客价值的提升。

2. 信息技术推动零售企业供应链逆向整合发展

近年来，互联网、物联网、大数据、人工智能等信息技术迅猛发展，并逐步应用于各行各业，从而对行业生态的演化具有推动作用。信息技术的应用大大降低了企业内部交易成本和市场交易成本（章林，2017），同时也突破了时空的限制（陈佳乾，2018），与此同时，零售企业凭借信息技术快速准确地把握消费者需求信息和消费特征（闫星宇，2011），零售企业利用信息技术可以快速、便捷地与供应链中的其他成员进行信息交换和实现信息协作，从而实现供应链上各节点企业之间的配合与协调，提高快速响应市场变化的能力（徐从才和丁宁，2008）。因而，零售企业应用信息技术使供应链逆向整合成为可能。

3. 获取竞争优势需要鼓励零售企业供应链逆向整合发展

我国学者李富（2008）在研究国外连锁超市的商业模式的过程中发现，国外很多零售企业的商业模式中大多都涉及供应链的整合，并强调了连锁超市在供应链中起主导作用，并以消费者需求来驱动供应链的调整。Gimenez 等（2012）等和 Danese（2013）的研究发现，供应链整合通过影响生产和顾客服务，正向影响经营和企业绩效，即供应链整合既可以提高配送效率、产品质量和生产灵活性，也可以降低成本，提高供应链柔性，并通过生产和顾客服务提高市场竞争力和盈利能力。汪旭辉（2010）从供应链的角度对盈利模式进行了研究，提出了创新的盈利模式需要企业在供应链中转变供应链管理的观念和思维，并指出供应链成员之间的协作可以降低企业成本，供应链整合的方式可以使供应链可持续性增值，进而获得差异化竞争能力，并提高企业的盈利能力。

（二）零售企业主导的供应链逆向整合的内容

谢莉娟（2015）指出，供应链逆向整合是指传统自上而下推动供应链的商品流通模式的转变。上游制造企业是供应链中的一个节点，而供应链下游的流通企业在从下向上构建拉动供应链的一体化过程中起主导作用。凌永辉（2018）在研究中提到，"拉"供应链体系是指以市场需求为导向，基于"互联网+"大数据平台的大型零售企业，通过多种产品概念设计、营销组合，不断满足客户需求并形成顾客的品牌忠诚度，从而从下到上主导整个供应链。目前，零售企业主导的供应链逆向集成研究主要包括零售制造商和逆向整合中的再中间化两个方面。

谢莉娟（2013）指出，由零售企业主导实现逆向供应链整合的过程，零售企业拥有自己的分销渠道可以获得大量的消费数据，了解市场需求，进而形成产品概念，可以不需要通过批发组织直接与上游厂商在产品开发、生产工艺等方面建立合作关系。通过消除批发组织，缩短供应链的中间过程，建立一个能够快速满足消费者需求的供应链系统。严星宇（2011）的研究建议，零售企业需要整合消费者需求数据资源，并对数据进行分析，以获得市场需求，并根据自身战略定位的需求对产品进行概念设计和构建自有品牌产品在供应链上建立"模块化供应链网络"，在模块化产品供应环节的基础上，每个模块的供应商是集成在相反的顺序上实现逆向供应链的控制，如产品生产和物流，建立虚拟"自供电"机制快速满足差异化的市场需求并建立差异化的品牌竞争优势。谢晓（2016）认为，零售制造商具有自主采购和虚拟制造、连锁经营和信息聚合、自主经营和零售品牌等优势，并将其分为三种类型：一是基于信息反馈的连锁零售逆向集成，二是基于效率的 KA 集成零售逆向集成，三是以 C2B 网络零售企业为主导的定制化供应链逆向集成模式。徐光书和张海芳（2017）认为，零售企业主导的供应链逆向整合具有产品精准定位和专业功能整合两大关键优势，从而增强消费者的购买意愿和认同度，在提高运营效率的同时降低生产成本，以获得差异化的品牌竞争力，增强零售企业自主经营的能力。

零售企业在逆向供应链中逆向整合的再中间化，是由零售制造商功能到流通制造商功能拓展的过程，零售企业在供应链中的功能进一步扩展到联合上游流通组织，它具有专业优势和规模优势，通过中间战略来优化逆向供应链整合过程（支慧，2017）。谢丽娟（2015）认为，零售企业在供应链逆向整合的再中间化过程中注重商品聚集、物流优化和产能聚集。根据渠道的"再中间化"理论，批发商可以对生产和零售环节实施双向约束（Spulber，1996），因此在资源整合方面具有更大的优势（王左铁和李平，2017）。张浩（2014）的研究证明了批发商在供应链整合中具有专业聚集效应和潜在优势（Robert，2013）。何亿（2017）认为，零售企业在逆向供应链整合的再中间化过程，由商品分配到资源聚合、共享由库存调整和由交换到关系的特点，并将其基本模型分为智能解决方案、平台制造商采购代理和供应虚拟制造商。

因此，零售企业主导了逆向供应链的整合，发挥了快速、全面、具体的消费者需求优势，结合大数据处理能力，借助计算机分析市场需求，构建独立采购、连锁管理的信息采集和管理优势，形成精密产品需求渠道供应链上游企业实施反向控制，在此基础上对供应链的资源整合，通过中间战略供应链的扩展功能和专业优势的上游组织，利用"模块化供应链网络"参与产品制造、批发、物流等供应链成员的活动，并将差异化的产品快速打入市场，参与产品的品牌竞争。在提高供应链运行效率、降低交易成本的同时，零售企业还应实现从商品配送功能向资源聚集功能、从库存共享功能向供需调节功能、从交换中介功能向指挥管理功能的转变。

（三）零售企业主导的供应链逆向整合模式类型

零售企业主导的供应链逆向整合模式的类型有源头直采、定制包销、自有品牌、买断经营、预售等模式。

源头直采模式是指在全国范围内挑选具有一定规模的、优质的产品，直接从产地进货，省去很多中间环节，降低采购成本，并增强消费者的购买意愿（Eisenhardt 和 Martin，2000）。

定制包销模式是指零售企业对获取到的消费者数据资源进行消费者分析，并根据消费者需求差异特征进行分类，对差异化的各细分领域内的需求特征进行研究和定义，进而根据需求定义完成新产品概念开发和产品定位工作，并找到合适的品牌供应商根据新产品概念和定位进行定制产品的开发，最后由该零售企业对该新产品进行独家销售，从而满足各细分市场的差异化需求（王晓东，2011）。

自有品牌模式是指零售企业对其零售渠道的产品需求、购买偏好等消费者需求偏好特征进行分析，进而开发出更能满足消费者需求的新产品。随后选择合适的厂家委托生产或自主生产；此外，零售企业使用自有品牌商标完成新产品的品牌注册，并拥有新产品的品牌权益，最后，新产品在零售企业的门店销售（孙成旺，1998）。

买断经营模式是指买方买断某一品牌的经营权，由买方给卖方一定数量的资金作押金，然后卖方按照买方提供的产品设计，品牌名称和产品包装进行生产，卖方是钱到立即组织生产和发货，此外，买方需要承诺卖方一个保底销量，由买方来负责市场宣传、销售和确定市场价格（Jansen 等，2008）。

预售模式就是利用互联网能在短时间内快速集合分散的消费者需求，拥有快速聚合规模需求进而形成规模采购需求并能快速传递需求信息的能力，使供应商能在快速获取聚合了规模需求的采购订单后，能更精准地锁定消费者需求，组织备货，减少渠道中滞销的库存，也就是说预售是在先形成销售订单和支付订金的基础上，由供应商根据消费者需求来组织生产、备货和物流活动，直到零售终端最终实现产品销售，而预售模式给线下传统的买手制度带来极大的冲击，并有可能逐渐颠覆电商的传统销售方式（Kor 和 Mesko，2014）。

因此，总结零售企业实现供应链逆向整合的各种模式类型，总体可分为以下三个方向：一是零售企业在供应链中的"再中间化"角色重构，包括商品自由聚集和交换中介功能（谢筱，2016）；二是零售企业以数据驱动的产品开发和销售，包括产品开发和产品销售功能（闫星宇，2011）；三是品牌化，即品牌运营功能（孙成旺，1998）。

（四）零售企业主导的供应链逆向整合模式选择

供应链逆向整合是对供应链结构性的改变，因此，供应链逆向整合也是实现企业战略更新和动态能力的过程。Capron 和 Mitchel（2009）的研究指出，企业开展战略更新必然涉及对企业内外部资源的整合与利用。Barney（2001）关于资源基础观的研究指出企业能整合所拥有的无形或有形资源使之转变为企业的独特能力。Jansen（2008）等研究发现企业实现战略更新需要企业同时具有高效利用现有资源和开发新资源的能力。而企业对新资源的获取不仅会影响企业形成新能力的类型，也会影响企业实施战略更新时的模式选择。Eisenhardt 和 Martin（2000）对动态能力理论的研究认为，企业为了获取持续的竞争优势需要充分地利用内外部资源，形成适应环境变化的动态能力。

综上所述，本书提出了零售企业供应链逆向整合策略的基本逻辑。首先，企业通过实施供应链逆向整合战略，整合企业内外部资源，形成企业独特的能力。其次，企业获取和利用独特的能力来整合供应链资源的过程，也是企业在供应链逆向整合过程中扩大自身在供应链中功能的过程。最后，供应链逆向整合的实现是基于对企业内外部资源的整合和利用，也就是说，供应链逆向整合的实现要求企业具备供应链整合的资源基础，因此，企业的资源基础也会影响供应链逆向整合模式的选择。基于以上分析，构建零售企业供应链逆向整合模式选择分析框架如图 5-1 所示。

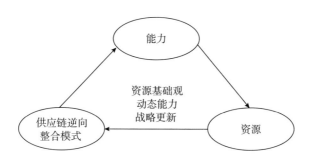

图 5-1　零售企业供应链逆向整合的战略框架

三、供应链逆向整合中零售企业的功能拓展及实现基础

零售企业实现供应链逆向整合的分类可分为以下三个方向：一是零售企业在供应链中的"再中间化"角色重构，包括商品自由聚集和交换中介功能（谢筱，

2016）；二是零售企业以数据驱动的产品开发和销售，包括产品开发和产品销售功能（闫星宇，2011）；三是品牌化，即品牌运营功能（孙成旺，1998）。供应链逆向整合中零售企业实现的功能拓展及实现基础总结如表5-1所示。

表5-1　供应链逆向整合中零售企业实现的功能拓展及实现基础

供应链逆向整合方向	功能	资源基础
"再中间化"角色重构	商品的自由集聚	分销能力
		采购能力
		物流能力
	信息交换中介	分销能力
		采购能力
		信息能力
以数据驱动的产品开发和产品销售	产品开发	分销能力
		信息能力
		数据分析能力
		产品开发能力
	产品销售	分销能力
		信息能力
		数据分析能力
		精准营销能力
品牌化	自有品牌运营	品牌运营能力

（一）零售企业在供应链中的"再中间化"角色重构

零售企业在供应链中的"再中间化"角色重构包含两方面含义：一是实现商品的自由集聚功能，二是信息交换的中介功能。

零售企业实现商品的自由集聚功能如图5-2所示，是指零售企业对供应链资源的整合，从订单需求、采购和供应物流的供应链系统中，包括批发组织的总需求、独立采购和共享库存的物流功能，通过采购总需求的规模和独立采购物流模式，获得缩短供应链的优势，使零售企业能够有效降低采购成本。零售企业要实现聚集规模需求的功能，需要提高零售企业的组织化程度，扩大门店资源，加强营销支持，整合自身的渠道资源，从而具有较强的分销能力。零售企业要实现自主采购功能，需要整合采购资源，与供应商建立伙伴关系，建立稳定的供应体系，组建具有商品采购知识的采购团队，从而建立强大的采购能力。零售企业需要进行物流体系建设，实现物流的商品调剂功能，通过直接采购保持与供应商的物流联系，进而建立高效的物流体系。

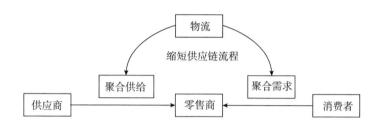

图 5-2 零售企业实现商品的自由集聚功能

零售企业实现信息交换中介功能如图 5-3 所示，是指零售企业充分利用互联网信息技术整合信息获取和交换功能，加强供应链各环节之间的信息共享和沟通能力，帮助零售企业进一步整合供应链信息资源，提高产品供求信息在供应链中的生产、物流、配送的传递和共享效率。帮助供应链成员更有效地做出采购、生产和分销决策，减少供应链中的滞销库存和成本，提高整个供应链的运营效率、盈利能力和竞争力。而利用互联网信息技术和供应链成员实现信息的快速传递是零售企业发挥信息交换中介功能的基础和前提，也就是说，零售企业需要能够接触到消费者的需求信息和供应链成员的商品供应信息，并利用互联网技术信息的交换和共享功能（刘海龙等，2020）。因此，零售企业需要建立自己的分销渠道来获取消费者需求信息，与供应商建立伙伴关系和信息共享交换机制来获取供应信息和需求信息共享。零售企业通过实施信息转换，可以快速传递供应链各环节的供需信息。也就是说，零售企业具有分销能力、购买能力和信息能力，这是零售企业发挥信息交换中介功能的资源基础。

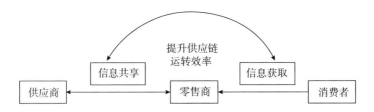

图 5-3　零售企业实现信息交换中介功能

（二）零售企业以数据驱动的产品开发和产品销售

零售企业以数据驱动的产品开发和销售表现为以下两方面的功能：一是以数据驱动的产品开发功能，二是以数据驱动的产品销售（精准营销）功能。

以数据驱动是指零售企业发挥点多面广的渠道优势，可以全面、详细地访问消费者需求数据，基于信息技术的建设进入数据分析能力，能分析数据消费者需求、消费者画像和产品需求，根据数据分析结果反映消费者对产品的需求，并能根据消费者画像进行准确的营销。为了获得差异化经营的产品竞争优势，提高消费者的购买意愿和消费黏性，进而提高零售企业的盈利能力。

以数据为驱动的产品开发和产品销售都是以数据分析为前提的，所以这两个功能的实现需要零售企业具备获取和收集消费者需求数据的能力，并培养专业的数据分析团队对数据进行分析。也就是说，零售企业需要建立强大的分销渠道体系来获取消费数据，并对数据获取渠道信息化进行升级，使消费数据得以保留，形成标准化数据，便于数据的获取和使用。此外，他们还需要建立一个专业的数据分析系统和数据分析团队。因此，拥有分销能力、信息能力和数据分析能力是实现数据驱动的产品开发和产品销售功能的资源基础。

而产品开发功能是在对数据分析的基础上进行的，如图 5-4 所示。这意味着零售企业开始参与供应链的生产环节，可以为生产型供应商提供产品开发理念、功能设计等产品开发信息，并协助供应商进行产品开发，甚至主导产品开发过程。因此，建立产品开发团队，获取产品开发能力，是零售企业参与甚至主导产品开发过程的资源基础。

图 5-4　数据资源与产品开发功能

以消费者画像进行的产品销售（精准营销）功能是在数据分析的基础上形成的，如图 5-5 所示。是指通过数据分析，根据差异化的消费者需求，提供个性化的产品推荐和营销方案的营销过程。因此，构建一支能够实施精准营销的营销团队，从而获得精准营销能力，是实现精准营销功能的资源基础。

图 5-5　数据资源与精准营销功能

（三）零售企业的品牌化运营

零售企业的品牌化运营如图 5-6 所示，是指零售企业在数据分析的基础上针对目标顾客的需求开发新产品，零售企业注册了新产品的品牌商标，对新产品拥有品牌所有权，并选择合适的生产商委托生产或自主生产，零售品牌有责任进行品牌产品的销售和品牌营销活动，从而获取零售企业的品牌资源。零售企业通过建立品牌运营能力来参与产品的生产，并通过拥有产品的品牌来获得独家运营的优势，从而进一步增强零售企业差异化运营的竞争优势。此外，零售企业在掌握产品开发生产、主导品牌运营销售活动的基础上，可以尝试优化供应链效率，从而提高盈利能力。因此，零售企业具备品牌产品定位、品牌产品生产方式选择、品牌营销等品牌运营能力，是零售企业实现品牌运营功能的资源基础。

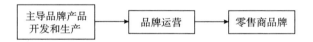

图 5-6　零售企业的品牌化运营

四、零售企业实施供应链逆向整合的资源基础

（一）实施源头直采模式的资源基础

近 10 年来，北京超市发在不断扩大生鲜产品经营规模和商品占比的同时，也注重建设生鲜直采基地。截至 2018 年底，超市发在全国范围内共开发建设了 115 个生鲜直采基地，其中进行源头直采的果蔬类生鲜产品的比例超过了 80%，并且生鲜产品的采购成本也不断降低。目前，永辉已经形成了全球直购和国内直购的供应链管理模式。全国有 20 多个农业合作基地，打破了原来从生产者到批发商、经销商的分销模式，形成了超市+农民或农业合作社或农业企业、农超对接模式，生鲜产品直接采购比例超过 70%。在全球直接采购方面，2017 年，专注于澳大利亚牛肉、泰国大米等原产地产品的直采，并与牛奶、大曼、东展国际深化全球合作。云商食品直收海外产品销售额同比增长 64.6%。通过与原产地供应商的直接合作，创造差异化的产品优势，提高供应链效率。

孟祥志（2016）的研究指出源头直采模式是一种从源头上直接采购的模式，用直接采购取代传统的批发商采购，并将原来的"生产者—批发商—分销商—零售企业"的层层分销供应链简化为"生产者—零售企业"的直接采购模式。零售终端直接进入生产场所，选择产品和产品数量，通过与供应商签订长期采购协议，保证商品的供应，并以即时订单的形式保证生产商的利益。李娇娇（2015）研究直接提到的采购模式是一种产品的生产和销售环节直接相关的循环模式，也是一种供应链的"去中间化"模式，节省很多的中间环节，可以直接从原产地进货，降低采购成本，获得价格优势，增强消费者的购买意愿。

目前，源头直采模式的研究主要集中在农产品和生鲜农产品的超级对接上。于舒婷（2010）指出，实现直接采购模式需要零售企业建立具有较强分销实力的分销渠道来实现规模采购，从而获得规模效应。此外，零售企业还需要具备仓储、物流能力和较强的资金实力和资金管理能力。黄体允（2013）和李慧

（2014）研究通过电子商务信息平台连接到采购和补货环节，从而实现生产商与超市之间的协作和对接，可以避免双方为采购的商品质量，供销双方诚信问题的体系建设、合同规则和采购规则的制定、零售门店数量、零售门店规模、消费者需求的聚集、产品销售能力和商品管理能力也是实现直接采购模式的前提。李娇娇（2015）指出，直接采购模式需要考虑采购的规模效应，需要专业的采购团队了解产品属性、价格等信息，同时强调零售企业应该与生产者和供应商建立伙伴关系，以确保供应。

根据文献分析，总结实现源头直采模式所需的资源基础如表 5-2 所示。从表中可以看出，零售企业实现源头直采模式整合的资源基础分类如下：分销能力、采购能力、物流和仓储能力、信息能力、商品管理能力和资金能力。

表 5-2　实现源头直采模式的资源基础

资源基础分类	资源基础
分销能力	分销规模零售企业的门店数量和规模、营销人才和营销技术
采购能力	规模采购、采购人才、采购知识、供应商合作伙伴
物流和仓储能力	物流仓储设施、物流仓储管理知识
信息能力	利用 IT 技术建立电商信息平台，采购、库存管理和共享
商品管理能力	商品管理知识、人才
资金能力	零售企业资金实力，资金管理知识

（二）实施定制模式的资源基础

京客隆超市通过对重点骨干商品进行批量买断或定制，来降低成本和提升毛利。2017 年其直营零售业务（除百货外）的毛利率由 2016 年的 12.5% 上升到约 14.2%。苏宁加强差异化的产品运作，在空调、冰洗、通信等品类上加强了定制包销，提升了商品毛利，推出的惠而浦香薰空调、海尔 Hello Kitty 洗衣机、小米 4S、荣耀 5C 等一系列产品均取得了较好的市场反响，有效提升了市场竞争力。2017 年永辉拥有的亿级品质定制品牌包括悠自在、田趣和优颂。永辉定制产品的开发模式有以下两种类型：一种是借助知名品牌的品牌效应来实现具有差异化产品经营优势的定制，另一种是选择优质的供应商进行合作来开发定制产品。

王晓东（2011）研究指出定制专属营销模式是指零售企业获得的消费者数据，根据消费者需求的特点分类，研究每一个细分领域的概念和需求，然后根据需求定义新产品的开发和产品定位。在此基础上，根据新产品的概念和定位，寻找合适的品牌供应商，开发定制化产品。最后，零售企业将独家销售新产品，以满足细分市场的差异化需求。赵占明（2016）指出，在定制的模式中，产品是根据特定的细分市场的需要进行划分的，存在一定的差异化特征，可以更好地满足特定消费者的差异化需求，从而帮助提高用户黏性，以及零售企业的盈利能力。

武兆杰（2015）的研究指出，阿里巴巴大数据驱动下的定制要求商家拥有海量数据、数据挖掘技术，能够挖掘出对厂商有指导价值的结果。同时，要能够整合生产、流通、销售这三个关键环节。刘鑫等（2018）指出，消费者接触渠道从实体店扩大到互联网的电脑终端（如 SEM、SEO、论坛、社群）和移动互联网终端（如手机搜索、微博和微信），需要利用以上渠道获得的消费数据进行数据分析。定制是对生产和营销流程的再造，可以提高资本运作和管理的效率。屈丽丽（2015）指出，定制的核心是由销售数据和用户研究结果驱动的产品选择和产品功能开发。赵占明（2016）指出，定制化和差异化是在细分需求下实现的，而细分需求仍然满足规模效应，从而对渠道规模和分销能力提出了更高的要求，并指出零售企业可以通过定制化开发获得定价权和产品开发能力。金丹（2014）认为，用户数据可以根据数据分析结果预测需求，指导生产和库存，实现精准营销。陈凌峰、赵建东（2018）研究指出，与供应商合作有助于实现规模定制。

零售企业实现定制模式整合的资源基础包括如下几类：分销能力、采购能力、物流和仓储能力、信息能力、商品管理能力、资金能力、数据获取能力、数据分析能力和产品开发能力，如表 5-3 所示。

表5-3　零售企业实现定制的资源基础

资源基础分类	资源基础
分销能力	零售企业组织化程度，数据分析结果，营销人才，营销知识
采购能力	规模采购，采购人才，采购管理知识，合作伙伴协作关系
物流和仓储能力	物流仓储设施，物流仓储管理技术
信息能力	利用IT技术建立电商信息平台，数据处理结果，信息协作管理
商品管理能力	数据处理结果，商品管理知识
资金能力	零售企业本身资金实力，资金管理知识
数据获取能力	数据采集的智能技术，获取数据的渠道
数据分析能力	数据分析人才和技术
产品开发能力	数据处理结果，精准定位、产品开发人才、技术

（三）　实施自有品牌模式的资源基础

北京超市发在对生鲜产品进行源头直采的基础上，2018年也开发了果蔬类自有品牌"超之选"。京客隆集团为实现差异化产品经营、提高盈利能力和提升自身的市场竞争能力，加大定制商品与自有品牌开发力度，开发了"喵爷""珍""朝夕相厨""天赐佳食""魔师傅"等休闲食品、干果类、调味料等的自有品牌商品。目前，永辉打造了永辉优选的自有品牌平台涵盖了中高端品牌的品牌矩阵，包括馋大狮、田趣、O'fresh、优颂、超级U选等，其中前期比较早开发的部分自有品牌现在的销售额已经高于同品类产品。永辉重点发布的自有品牌总SKU数量接近300个，并在生鲜源头直采的基础上自建中央厨房进行生鲜加工，开发名为"彩食鲜"的生鲜自有品牌。

孙成旺（1998）认为，自有品牌是零售企业在分析消费者需求和购买偏好数据的基础上，对消费者需求进行分类和定义，开发出更能满足消费者需求的新产品，包括产品功能、价格、质量、创新等方面。然后选择合适的供应商进行委托生产或自建厂房进行产品生产；同时，零售企业用自己的品牌商标注册新产品，获得新产品的品牌权益和权利，最终实现在零售企业门店的销售。

刘文纲和杨倩（2011）在研究自有品牌成长路径时提出，品牌运营能力、产品研发能力和管理协调能力是零售企业实施自有品牌战略的重要条件。崔鹏飞（2015）指出，民营品牌的发展受到品牌运营管理人才缺乏、产品质量控制困难、产品研发能力薄弱、企业规模小、资金实力薄弱等制约。潘燕（2018）指出，零售企业连锁经营对自有品牌的发展具有重要意义。王小勤（2017）分析了市场定位、商品组合、品牌模式对自有品牌发展的影响。

　　根据文献分析，总结实现自有品牌所需的资源基础如表5-4所示。可以明确零售企业实现定制模式整合的资源基础包括如下几类：分销能力、生产和采购能力、物流和仓储能力、信息能力、商品管理能力、资金能力、数据获取能力、数据分析能力、产品开发能力和品牌运营能力。

表5-4　自有品牌所需的资源基础

资源基础分类	资源基础
分销能力	零售企业组织化程度，数据分析结果，营销人才，营销知识
生产和采购能力	生产和采购规模、人才、管理知识，合作伙伴协作关系
物流和仓储能力	物流仓储设施，物流仓储管理技术
信息能力	利用IT技术建立电商信息平台，数据处理结果，信息协作管理
商品管理能力	数据处理结果，商品管理知识
资金能力	零售企业本身资金实力，数据处理结果，资金管理知识
数据获取能力	数据采集的智能技术，获取数据的渠道
数据分析能力	数据分析人才和技术
产品开发能力	数据处理结果，精准定位、产品开发人才、技术
品牌运营能力	品牌定位、开发、品牌运营、品牌资产

（四）零售企业供应链逆向整合模式选择与功能实现

　　根据以上对零售企业实施供应链逆向整合的资源库分析可知，零售企业实现直购模式整合的资源库包括分销能力、采购能力、物流仓储能力、信息能力、商品管理能力和资金能力。零售企业实现定制化模式整合的资源基础包括分销能力、采购能力、物流仓储能力、信息能力、商品管理能力、资金能力、数据采集能力、数据分析能力和产品开发能力。零售企业实现自有品牌模式整合的资源基础包括分销能力、采购能力、物流仓储能力、信息能力、商品管理能力、资金能力、数据获取能力、数据分析能力、产品开发能力、品牌运营能力。通过以上对零售企业在供应链逆向整合中功能扩展及实现基础的分析，可以总结出零售企业供应链逆向整合模式选择与各供应链在逆向整合方向上实现功能拓展的资源基础之间的对应关系如表5-5所示，我们可以发现存在以下情况：

表5-5　零售企业供应链逆向整合模式选择与实现功能
拓展的资源基础的对应关系

整合模式	供应链逆向整合方向	功能	资源基础
源头直采	"再中间化"角色	商品的自由集聚	分销能力
			采购能力
			物流能力
		信息交换中介	分销能力
			采购能力
			信息能力
定制包销	"再中间化"角色	商品的自由集聚	分销能力
			采购能力
			物流能力
		信息交换中介	分销能力
			采购能力
			信息能力
	以消费数据驱动的产品开发和销售	产品开发	分销能力
			信息能力
			数据分析能力
			产品开发能力
		精准营销	分销能力
			信息能力
			数据分析能力
			精准营销能力

续表

整合模式	供应链逆向整合方向	功能	资源基础
自有品牌	"再中间化"角色	商品的自由集聚	分销能力
			采购能力
			物流能力
		信息交换中介	分销能力
			采购能力
			信息能力
	以消费数据驱动的产品开发和销售	产品开发	分销能力
			信息能力
			数据分析能力
			产品开发能力
		产品销售	分销能力
			信息能力
			数据分析能力
			精准营销能力
	品牌化	品牌运营	品牌运营能力

（1）分销、采购、直购模式下的物流和信息能力也是实现商品自由集聚和信息交换中介向供应链逆向整合方向功能拓展，实现"再中间化"角色重构的资源基础。

（2）而零售企业实施定制模式的分销、采购、物流、信息技能和数据分析能力、产品开发能力和精准营销能力的资源基础，也满足了"再中间化"角色的实现，实现了逆向供应链整合方向的重构，实现了商品自由集聚和信息交换的中间功能，并以数据驱动产品开发和销售的供应链反向整合方向，实现产品开发和精准营销功能的资源库拓展。

（3）零售企业实施自有品牌模式的分销、采购、物流、信息、数据分析、产品开发、精准营销和品牌运营能力的资源库，同时满足"再中间化"角色的实现，重构逆向供应链整合方向，实现商品自由集聚和信息交换中介功能的开发，以数据驱动逆向供应链整合方向，产品开发与销售的精准营销功能拓展产品开发与资源库，以及实施品牌逆向供应链整合方向上的品牌资源库功能拓展。

根据零售企业供应链逆向整合模式选择与实现供应链功能拓展资源基础之间的对应关系，从表5-5中我们可以看出，源头直采模式下，零售企业拥有的资源和功能最为基础，只拥有再中间化方向上的实现商品的自由流动和信息化的功能拓展的资源基础，即分销能力、采购能力、物流能力、信息能力。而定制模式下零售企业相比源头直采模式，不仅获取了分销能力、采购能力、物流能力、信息能力，同时也进一步获取了数据分析能力、商品开发能力、商品销售能力。这不仅形成了再中间化角色重构的供应链逆向整合方向上的资源基础，同时也形成了以数据为驱动的产品开发和产品营销的供应链逆向整合方向上的资源基础，并拓展了数据分析、商品开发和精准营销的供应链功能。而自有品牌模式相比定制模式，除了整合采购能力、分销能力、物流能力、信息能力、数据分析能力、商品开发能力和商品销售能力，还整合了品牌运营能力。这不仅形成了再中间化角色重构和以数据为驱动的产品开发和产品营销的整合方向上的资源基础，还形成了实现品牌化运营的功能拓展的资源整合基础。其拓展的功能除了包括定制模式下具有的整合需求、聚合供给、物流连接供需、数据获取和信息共享、数据分析、商品开发和精准营销的功能，还拓展了品牌运营功能。从三种模式的资源库来看，直源模式、定制模式和自有品牌模式的实施具有递进关系。供应链逆向集成模式实施后，资源基础越丰富，在供应链逆向集成实践中可以扩展的渠道功能就越多。

五、主要研究结论与管理启示

（一）研究结论

　　梳理和总结零售企业的供应链逆向整合的相关理论研究和企业实践，我们发现，零售企业实现供应链逆向整合的方式主要包括源头直采、品质定制和自有品牌三种典型的模式，而零售企业实施不同的供应链整合模式需要不同的资源基础。

（1）零售企业实现源头直采的供应链逆向整合模式对采购能力、分销能力、物流能力和信息能力进行整合，形成了再中间化角色重构方向上的资源基础和功能拓展，拓展了其自身整合需求、聚合供给、物流连接供需、数据获取和信息共享的供应链功能。

（2）零售企业实现品质定制模式的资源整合，不仅整合直购模式下的采购能力、配送能力、物流能力和信息能力，还进一步整合了数据分析能力、商品开发能力和商品销售能力。零售企业不仅实现了面向再中间化角色重构的资源整合和功能拓展，也实现了数据驱动下的产品开发和产品营销的资源整合基础。在直购模式下，除了具备整合需求、聚合供应、连接物流供需、数据采集、信息共享等功能外，还拓展了数据分析、商品开发、精准营销等供应链功能。

（3）零售企业实现自有品牌模式整合的资源除了品质定制模式下所整合的采购能力、分销能力、物流能力、信息能力、数据分析能力、商品开发能力和商品销售能力，对品牌运营能力也进行了整合。这不仅实现了再中间化角色重构和以数据为驱动的产品开发和产品营销的资源整合，还更进一步实现了品牌化运营的资源基础。拓展的功能包括需求整合、供应聚合、供需物流对接、数据采集与信息共享、数据分析、商品开发、精准营销等功能外，还拓展了品牌运营功能。

（4）供应链整合模式的功能不同，其整合的资源基础也不同，供应链整合路径的实施取决于关键资源的获取。源头直采、品质定制和自有品牌的实现三个模式是基于供应链和中间方向的整合供应、总需求、物流供需关系，扩大数据采集功能和信息共享的供应链资源。也就是说，在此基础上，三种供应链整合模式的实施需要具备采购能力和资源基础的分销能力、物流能力和信息能力。聚合供给、连接供需、获取和共享数据信息的功能都是建立在聚合获取消费者需求信息的基础上。从三种模式实现资源库是在数据分析和利用的基础上进行产品开发和营销能力的资源库挖掘，同时定制模式是基于源头直采模式具有数据分析能力和产品开发能力、营销能力的不同资源库，它获得了一个源头直采模式所没有的专家级资源库。因此，数据分析能力、产品开发能力和营销能力也是零售企业整合供应链、从源头直采模式拓展渠道力量到定制模式的制约因素。品牌运营能力是定制模式区别于自有品牌模式的资源基础。同时，根据定制模式与自有品牌模式在品牌运营能力上的资源差异，自有品牌模式也是获取定制模式所不具备的法律权力的资源基础。因此，品牌运营能力是零售企业整合供应链、拓展渠道力量从定制模式到自有品牌模式的制约因素。

（二）管理启示

（1）零售企业可以从源头上直接通过整合供应链实现供需双方的供求信息的自由流动，通过物流能力建设实现供应商与门店之间的货物直接流动。它缩短了供应链的中间流程，降低了供应链的中间渠道成本，提高了整个供应链的运行效率。在这种模式下，零售企业整合了采购能力、分销能力、物流能力和信息能力，也形成了再中间化角色重构方向上的资源基础和功能拓展。因此，源头直采模式的实施扩展了其整合需求、聚合供应、连接物流供需、数据获取和信息共享的供应链功能。同时，零售企业可以通过实现源头直采模式，形成对供应商的信息权利、认可权利、奖励权利和强制权利的资源库。

（2）零售企业通过实施品质定制模式，可以提高供应链的运营效率，获得差异化运营的优势。在这种模式下，零售企业的整合资源不仅整合了采购、配送、物流和信息能力，还进一步整合了数据分析、商品开发和商品销售能力。既实现了向再中间化角色重构方向的资源基础和功能拓展，又实现了数据驱动产品开发和产品营销的资源整合基础。除了在源头直采模式下实现需求整合、供给聚合、物流供需对接、数据采集和信息共享等功能外，还扩展了数据分析、商品开发和精准营销等功能。通过实施品质定制模式，零售企业不仅可以获得对供应商强化信息权利、认可权利、奖励权利和强制权利的资源库，还可以获得对供应商强化专家权利的资源库。

（3）零售企业通过实现自己的品牌模式，既可以提高供应链的运营效率，拥有差异化的品牌运营优势，也可以帮助零售企业在行业中建立差异化的竞争壁垒，提高企业的竞争力和盈利能力。在此模式下，整合的资源不仅整合了品质定制模式下的采购能力、配送能力、物流能力、信息能力、数据分析能力、商品开发能力、商品销售能力，还整合了品牌运营能力。既实现了再中间化角色重构和数据驱动的产品开发和产品营销资源整合，又实现了品牌运营的资源基础。其拓展的功能不仅包括需求整合、供给聚合、物流供需、数据采集与信息共享、数据分析、商品开发、精准营销等，还包括品牌运营的拓展。同时，与品质定制模式相比，零售企业通过实现自有品牌模式，可以进一步获得对供应商的合法权利的资源基础。

第六章　互联网环境下实体零售企业的顾客价值塑造与沟通

一、研究背景

随着互联网技术在零售领域的不断深入应用与融合，现代网络零售与传统实体零售在竞争的同时又出现相互融合的趋势。据国家统计局数据，2020年，全国网上零售额为117601亿元，比2019年增长10.9%。其中，实物商品网上零售额为97590亿元，比2019年增长14.8%，占社会消费品零售总额的比重为24.9%，提高了4.2个百分点。网络零售额在社会消费品零售总额中的占比在逐年攀升，不断地蚕食着实体零售的市场空间；与此同时，互联网技术的发展和O2O模式的进一步推进，也为实体零售企业带来技术升级。因此，在互联网环境下，实体零售企业如何运用网络技术进行经营模式改进和产业升级，以及改进服务、提高消费者购物体验成为管理者亟待解决的问题（许红等，2018）。

长期以来，实体零售企业依靠可以触摸到的商品、方便与顾客沟通等优势为消费者提供良好的购物体验和购物价值。但随着实体零售企业经营规模的不断扩大，产品同质化、管理不足、买卖双方信息不对称等问题日益突出，尤其是大型实体零售企业的问题更为明显；再者，在线上线下零售企业不断融合的新形势下，加上互联网技术方便并加剧了企业的信息轰炸程度，为在实体零售企业中购买产品的消费者带来了一定的困惑，进而影响消费者的购物体验与购物价值。

针对互联网环境下消费者在实体零售环境下所出现的认知困难，学者进一步提出了消费者困惑的概念，指的是消费者在特定的购物环境下，经常会出现的一种心理上的质疑或不安的状态，这种状态会降低消费者的购物体验以及购买意愿，继而有损实体零售企业的天然优势（Walsh，2010；Kasabov，2015）。

因此，本书正是针对这一理论和实践需要，在前人研究的基础之上，对实体零售环境下的购物价值和消费者困惑的相关理论进行梳理，同时运用结构方程模型，建立了消费者困惑与购物体验、购物价值之间的关系模型，并通过一手数据对这一理论进行验证。如何厘清消费者困惑产生的具体原因以及针对性的解决对策，对于实体零售企业利用互联网技术进行产业改造升级，从而发挥自身优势来降低消费者困惑、提升消费者的购物体验以及购物价值，改进营销策略具有重要的意义。

二、研究意义

1. 理论意义

认知失调理论从提出至今，无论是其概念内涵还是外延以及适用范围都取得了一定的发展。但是综观前人的相关研究，主要集中在教育心理学方面，较少涉及其他领域，应用范围极其有限。本书通过文献回顾与整理，借鉴相关学者的思路与方法，将认知失调理论引入实体零售环境下消费者行为研究领域，是对于这一理论的重要丰富和发展，使其应用范围更加丰富。

再者，由于历史文化及社会构成的不同，中外在经济、文化发展上都存在巨大的差异，对消费者心理与购物价值之间的关系存在影响。西方高度重视理论与逻辑，消费者购物时依然存在着多方面的困惑，使消费者的困惑问题在西方消费者研究领域备受关注。相对而言，中国消费者购物时更加感性，理性分析过程相对较少，随着实体零售企业经营规模的不断发展，来源于店铺环境和产品层面的认知偏差导致的消费者困惑问题日益严峻，因此消费者购物过程中的购物体验和购物价值会受到内外部各种因素的干扰。

虽然国外学者对这一问题给予了很大的关注，但是相关研究主要集中在信息率和品牌层面，较少涉及店铺环境和产品层面的因素，本书将消费者困惑的影响因素扩展到产品和环境层面，主要考察实体零售环境下，消费者困惑与购物价值的关系问题，基于消费者行为学、心理学等领域的相关文献，以无印良品的消费者为研究对象，探讨其在实体店铺的购物情境中由于店铺内信息与个体关于品牌的经验与感受之间的认知偏差所导致的困惑心理以及后续的心理行为变化，通过结构方程模型，构建认知偏差、消费者困惑和购物体验、购物价值之间的具体关系，该模型的构建与分析是对这一理论的丰富和发展，希望能够对未来的实体零售企业具体经营提供有针对性的理论和实践指导。

2. 现实意义

在网络零售对实体零售产生冲击的背景下，很多实体零售企业对于自身的定位不准确，优势与劣势认识不足，一味地通过广告宣传和价格战等方式与网络零售平台进行竞争，这样就进一步突出了自身的劣势而隐藏了实体零售企业的天然优势。因此，实体零售企业如何改进产品策略、环境布局，从而准确定位，发挥自身优势，实现网络零售与传统零售的共同发展，具有重要的现实意义。

在网络零售与传统零售进一步融合的新形势下，一些电商平台通过先进技术向线下发展，对实体零售企业进行产品改造和技术升级。因此，实体零售企业如何运用先进技术来改进管理策略是经营者急需思考的问题。本书通过对消费者行为方面的研究，以期探讨实体零售企业环境与产品方面导致消费者困惑的原因，对于实体零售企业管理者认清问题从而改进经营策略，进一步提升消费者的购物体验与购物价值，使忠诚的顾客能够对零售企业的产品进行正面的口碑传播，具有重要的意义；对实体零售企业利用互联网技术进行产业升级提供实践方向。

三、相关文献综述

本书主要基于认知失调理论研究实体零售环境下消费者困惑与购物体验和购物价值之间的具体关系，围绕消费者困惑与购物价值之间的关系问题，前人主要从以下几个方面展开研究：

（一）认知失调理论与消费者困惑

1. 认知失调的概念

认知失调理论最早是由美国著名的心理学家 Leon Festinger 于 1957 年提出来的，他认为认知活动是认知者依据过去经验对信息进行加工处理，形成态度、观念或思想的过程，这种思想观念支配着人的心理活动和行为（Cooper，2007）。这种观念一旦多次出现，就会在个体的意识中逐渐稳固下来，由此形成个体的行为准则，以后在类似的情境中，个体会自发性地用这一准则来控制自身的行为，即为认知一致（Shultz，1996）。

个体总会有一种保持一致性的内心倾向，虽然外界事物中相互矛盾的事物、观念态度经常出现，但是个体内外部的不一致不相关联，由于个体倾向于把这些矛盾的事物理性化，以得到认知上的一致性。但是如果不能达到这一点，可以认为是达不到认知的一致性，就会出现认知偏差，个体会产生矛盾或者不安的心理状态（Kopp 等，2018）。

一般来说，个体对于事物的态度以及态度与行为之间的认知是互相协调的，一旦个体意识到自身对于事物的态度或者态度与行为之间不一致时，就会出现一定的认知偏差，个体就会产生矛盾和困惑的心理状态，这种心理困惑促使个体产生某种态度或者行为来减少心理压力，这就是认知失调理论（Hoshino-Browne，2005）。具体过程如图 6-1 所示：

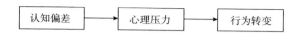

图 6-1　消费者的认知偏差与行为转变

其中，个体心理认知偏差的原因可以归结为以下几方面：①发现事物逻辑上的矛盾；②文化价值观念的冲突；③新旧经验不相符；④观念的矛盾。随着认知偏差的增加，个体就出现心理紧张与困惑（Martignoni，2016）。这就促使其改变自己的认知、增加对事物新的认知或者通过改变认知的重要性、改变自身行为等方式来消除这种紧张，使认知达到新的平衡。

具体来讲，当出现认知偏差后，个体在心理上更倾向于采用三种方法进行自我调适：改变某个不协调的认知，使两方认知趋于一致；只强调某一认知元素的重要性，或否认某一认知元素；增添新的协调的认知元素。这几种方法都可以减少个体心理上的认知偏差，以缓解心理紧张，从而重新获得心理上的平衡（郭锐，2013）。

Leon Festinge 的认知失调理论是阐述人的内部动机对其心理活动和外部行为影响的社会心理学理论，试图以人的认知活动为出发点，解释隐含在个体行为下的心理动机（Festinger，1962；Cooper，2007）。后来学者也对这一理论进行解读和发展，使其应用范围扩展到教育心理学、医疗等方面（Tanford，2014）。

2. 认知失调理论在消费领域的应用

学者将这一理论引入消费者行为研究背景下发现，消费者会根据商店环境因素的适当性来评价商店设计，从而进一步影响消费者的购物体验和购物价值。具体来讲，他们会将实体店铺环境、装潢设计等因素在种类、新颖性、复杂性等方面的特征与自己过去对于品牌的认知和感知之间进行比较，如果这些特征恰好是消费者最初对店铺的期望，那么消费者会对店铺进行积极的评估（Barry 等，2004；Babin，2013）。如果店铺的这些因素与消费者最初的期望恰好相反，即对于店铺的认知与店铺实际情况之间出现了一定的偏差，那么就会引起消费者的认知失调，从而造成消费者困惑以及决策延迟、放弃购买或者负面口碑等不利于企业发展的一系列行为（邓雯琴，2018；Beverland 等，2006）。

Barry 等（2004）构建结构方程模型对认知一致性与零售顾客情感和行为之间的关系进行了检验，结果表明：在零售环境下，认知一致性对消费者的产品质量等级感知、购物体验以及购物价值感知均有显著的影响。例如，较高的认知一致性与较高的购物体验之间相关联。因此，当实体零售店的环境特点被认为是合适的，受访者会倾向于认为在那里的购物体验是十分美妙的享受过程。

通过深度访谈，前人研究了实体零售店内音乐与店铺品牌的一致性与消费者购物体验之间的影响关系，对于那些希望吸引没有品牌经验或者知识的新消费者的商店来说，认知一致性尤其重要，因为这些消费者会将音乐视为品牌地位、形象和商品质量的重要信号线索。我们还发现了当商店内音乐与商店定位不匹配时，会导致消费者与品牌关系的下降。因此，从某种角度来讲，消费者对零售店品牌与环境的认知一致性降低了消费者的困惑水平，而较低的消费者困惑水平又有助于形成愉悦的购物体验与购物价值；相反，如果零售店的品牌与环境使消费者的认知出现了偏差，那么就会使消费者心理出现困惑，从而影响消费者的购物体验和购物价值。

这些研究最重要的是呼吁零售企业更多地关注消费者的环境认知一致性的概念，或者将环境特征的匹配作为影响消费者购物体验和购物价值的影响因素。

3. 消费者困惑的内涵

关于消费者困惑的研究，最早是关于国外的品牌战略和商标保护方面，早期的研究很少关注到消费者困惑定义，而是直接从观察到的现象出发。最初的研究学者认为企业的商标、品牌等外在形象的感官相似性是造成消费者困惑的原因。但是 Foxman 等（1990）研究发现，即使消费者对商品的品牌与商标进行了区分，也会有消费者困惑问题的出现。为了更好地理解消费者困惑概念的内涵，Foxman 等（1992）又从消费者品牌信息处理的角度区分了困惑与误解、不确定性、欺骗、侵权四个概念的差异，认为品牌困惑是因为消费者在品牌图像以及内涵鉴别的时候出现错误，即是由于当多个品牌在外部因素上存在认知的相似性时，消费者在对相似品牌或者不熟悉品牌的属性和功能进行推理判断时产生的失误观点。接着，研究人员发现消费者的消费困惑不仅出现在不同品牌之间、同一品牌的不同产品之间，或是单个产品的相关信息出现不足或超载时，消费者也会产生一定的困惑。上述关于消费者困惑的研究只出现在产品层面，并没有涉及产品之外的环境和个人特征方面的影响，导致很多早期学者所理解的消费者困惑只局限于消费者的品牌困惑。因此，后来的学者将消费者困惑的概念扩展到了一般性商品。有些学者认为消费者困惑是指消费者在信息处理过程中未能正确理解来自多方面的产品或服务信息（Cornish 和 Moraes，2015；Wobker，2015）。然而，该定义虽然在前人的基础上有了一定的创新，强调了消费者困惑产生的来源，但是却并没有关注消费者心理层面的影响。

因此，后来的学者又从心理层面进行了研究，将消费者困惑看作消费者在购物过程中出现的一种心理状态，其特点是缺乏明确有序的思想和行为（Leek 和 Kun，2006），也有部分学者把消费者困惑看作消费者对外部环境刺激反应的一种情感状态。同样，这一视角也只局限于从心理层面来定义消费者困惑，缺乏对于认知结果，即消费者困惑的关注。

之后，有学者认为，消费者困惑不是一维的概念，而应该从多个维度来进行界定。随后有学者提出应该从认知（Cognition）、情感（Emotion）和意动（Conation）三个方面来理解其内涵（Garaus 和 Wagner，2016）。Walsh 等（1999）最早从综合视角提出消费者困惑的内涵，他们认为消费者困惑是指消费者在购买决策准备阶段出现的一种不安的心理状态，这种状态会影响消费者的信息处理和决策能力，因而会影响消费者在购物过程中做出最优选择（Lu 等，2016）。Kasabov（2015）对这一概念进行了丰富，他认为消费者困惑是一种心理不适或行为不确定的主观消费体验，将会导致消费者在信息处理过程中出现判断失误或表现出对产品或服务的消费信心不足。

可见，经过学者们几十年的努力，消费者困惑方面的概念内涵不断丰富，外延也不断扩大。本书在综合上述两种研究视角的基础上，沿用 Kasabov（2015）的定义，认为消费者困惑是消费者在特定的消费环境下所产生的质疑和不安的心理状态，这种不安的心理状态主要是由产品外部相似性、信息超载和相关信息模糊等因素造成的，同时会使消费者在购物过程中需要信息处理的时候出现错误判断或做出非最优选择。

学者在提出了消费者困惑的概念内涵之后，又深入探讨了消费者困惑的构成维度及测量方法。最早的维度划分研究从消费者的心理感知角度出发，依据不同的分类标准把消费者困惑划分为实际困惑和感知困惑、总体困惑和部分困惑、有意识困惑和无意识困惑等多种类型，但是并没有开发出相应的配套指标来测量这些维度（Schweizer，2006；Wash 等，2007；Garaus 和 Wagner，2016）。

Schweizer 等（2006）从外部环境视角出发，将心理学中的信息率理论加入消费者行为研究之中，进而测量消费者困惑。他在对营销环境相关研究的基础之上，通过内容分析法，将可能引起消费者困惑的外部因素进行分类，分别对应着多样性、新颖性、复杂性、矛盾性、舒适性、可靠性六个特点。该量表虽然在一定程度上较为全面地反映了外部环境对于消费者困惑的影响，但是仅仅局限在商店的营销环境，未能全面考虑消费者自身的因素，而且测量的复杂性也限制了量表的推广。

Walsh 等（2007）从消费者角度出发，对消费者困惑倾向（consumer confusion proneness）进行了量表开发，并从消费者的相似困惑、超载困惑和模糊困惑三个维度来测量消费者困惑。相似困惑、模糊困惑、超载困惑三维度量表由于具有较高的研究信效度，因此被相关学者广泛采用，已经成为测量消费者困惑的主要工具量表。

从他们的研究中我们可以发现，前两篇关于消费者困惑的测量量表主要从困惑产生的认知来源进行分级设计，后一篇在问卷设计中添加了外部环境影响下消费者的主观心理感受内容，他们分别代表了两种不同的视角。

4. 消费者困惑的影响因素

从以上文献可以看出，近年来关于消费者困惑的问题还存在认知和心理情感的分歧，划分维度的标准也没有统一。在消费者困惑的前因以及结果变量的研究上也有不同观点，但是综合起来可以分为以下四个方面（涂红伟等，2016）。

信息层面，产品的信息宣传不仅可以对产品自身予以介绍，还能对消费者做出进一步的指导，从而劝说顾客做出特定的选择（Cohen，1999）。在影响消费者困惑的信息层面，信息超载、信息模糊、信息不一致等因素均有一定的代表性研究。

产品层面，学者们的研究主要关注产品属性和产品价格方面。学者认为，产品属性方面，不仅商品的有形属性相似会对实体零售企业的消费者产生困惑（Leek 和 Chansawakit，2006），而且商品的无形属性（如品牌形象）也会使消费者产生困惑（Mitchell 等，2005）。商品价格层面，价格本身包含有一定的商品信息，但是也会对消费者产生一定的误导，使消费者对产品形成错误的认识，在零售领域，商家经常出现的价格百分比以及多种定价和优惠体系，是消费者困惑的主要原因（Kruger 和 Vargas，2008）。

购物环境层面，早期的研究已经发现实体零售环境中的音乐、颜色、灯光等因素对于消费者选择有着显著影响。Garaus 等（2013）通过专家访谈，从室内设计、周边环境和社会因素三个维度分析购物环境与消费者困惑之间的关系，结果表明：较低的室内高度、狭窄的过道、过高的货架、过多的促销信息等因素会提升消费者的困惑水平；而与店铺定位相符的音乐、充足的自然光照、明确的导购指示牌等因素会显著降低消费者的困惑水平。

消费者个体层面，消费者个体因素也是影响消费者困惑的重要变量之一。个体层面主要分为消费者人口统计方面以及消费者心理层面。有学者认为，人口统计方面的年龄、性别、受教育程度、收入水平等会对消费者困惑产生影响（Wobker，2015；赵正洋和赵红，2011），但是通过对现有文献的回顾发现，这种影响关系还尚不清晰，并且还与具体的消费环境有关；心理特征方面，近年来的相关研究表明，消费者期望与现实的一致性、用户创造内容的情感有用性、涉入度、自我效能和信息处理能力、认知失调等变量与消费者困惑具有相关关系。

通过对上述消费者困惑的影响因素相关文献的回顾可以发现，虽然学者对于这一问题均有自己的观点，但综合来看还是主要分为以上四类。

5. 零售环境下的消费者困惑

关于实体零售环境下的消费者困惑问题，近年来也得到了相关学者的关注。有学者提出，在零售环境下，消费者困惑应该从消费者困惑的认知、情感以及意动三维度来认识（Garaus 和 Wagner，2013）。在此基础上，Garaus 和 Wagner（2016）首次考虑消费者的主观感受，通过访谈和问卷调查开发出包含 13 个项目的消费者困惑量表。该量表将消费者困惑区分为情感困惑、认知困惑、意动困惑三个维度。虽然考虑了消费者认知和消费者心理的内容，但由于是基于具体的零售商店环境的研究成果，其研究面不够宽泛，而且由于时间较晚，并没有在其他消费环境和不同的消费产品的研究中得到广大学者的充分验证。

（二）零售环境下的购物体验

对于"体验"最早的研究是在美学和心理学范畴，随后才引入消费者研究领域。最早的研究主要集中在消费体验、服务体验等维度层面，而派恩（2002）的《体验经济》和 Bernd H. Schmitt（2004）的《体验营销》代表着顾客体验会真正成为一个重要的研究方向。派恩认为体验是一种产出，这种产出是企业有目的地通过产品和服务组合、设计来使消费者参与其中，从而促使消费者在情绪、体力、智力或者精神的某一特定的水平下产生的一种美好的感觉和难忘的经历。在相关研究中，Pine、Gilmore 和 Schmitt 的定义认可度较高。也有学者把体验看作个体情绪或者精神到达一定的层次后，内心所出现的美好感受（Lemon 和 Verhoef，2017）。当零售经营者在潜意识中把消费者纳入企业的思考范围时，这就出现了体验。而 Schmitt（1999）将此定义为消费者在消费过程中对实体零售商家的个体感受，是消费者通过观察或者参与其中的个体感受，是购物过程中所经历的体验事件与心理预期状态之间互动的结果。他们的概念均强调了通过消费者与零售店商品或服务之间的互动而产生的主观感受，因此，后来学者的研究主要集中在对体验要素的研究、顾客情感或心理反应方面等一些领域。

学者对购物体验的讨论主要集中在以下两个方面：一方面是顾客体验的获取，另一方面是在探讨购物体验的内涵。最开始学者表示：消费者消费的主要目的并非仅仅在于获取商品或者服务本身，体验消费的过程也是购物体验的重要组成部分。当今社会，消费者追求娱乐休闲的体验消费正在逐步增加，消费者花费更少的时间和精力在物质消费上，而在休闲娱乐上的消费却逐步增加。因此，消费的对象逐步从"物质"转到"体验"，这就是所谓的体验消费。关于购物体验的含义，学者主要从外部的元素刺激和消费者自身顾客体验两方面来解释。

对于购物体验定义与内涵的研究，国内外学者在自己的研究领域、从自身视角出发对其进行了一些定义。有学者认为，购物体验是消费者在特定的购物时间、特定的购物场所与店内人员接触所产生的心理感觉（Gilovich 等，1991）；还有学者认为购物体验应该分别从零售终端和消费者视角两个维度去分析，研究发现，消费者的购物体验由零售环境和顾客自身体验两方面组成，但是顾客自身占主要部分，而零售环境以及服务等外部因素只占其中的30%（Schifferstein 等，2005）。接着学者对这一概念进行了补充，提出购物体验是消费者依据特定的消费环境而体现在感情上的一系列反应。还有学者坚持认为购物体验指的是消费者在购物场景中对零售店环境所做出的情绪反应以及总体的心理感受。接着有学者提出，购物体验不应该仅局限在购买行为发生的当时，而是应该包含在购买前、购买中以及购买后的整个流程，在这一流程中所产生的联想以及内心感受等均为购物体验的组成部分（Platania 等，2016）。在前人研究的基础上，学者综合指出：购物体验是一个涵盖店铺层面的产品属性、环境和服务质量以及消费者层面的内心感受等多维度的综合性因素。有学者进行实地调研后发现，购物体验不仅包含消费者因素，还包括人员接触以及零售成本等方面的因素，这些因素对消费者的购物体验均有影响。

国外对于购物体验最成熟的研究是店内购物体验模型理论（In-store Shopping Experience，ISE）（Pradhan 等，2013），他们的研究分别将五种业态作为研究对象，从五个维度来探究消费者的购物体验，分别包括人员接触、商品价值、店内环境、商品组合以及投诉处理，其分别指的是：

（1）人员接触：消费者在商店消费过程中与人员接触的整体感知。

（2）商品价值：消费者对零售店内在售商品的价值和价格的感知评价。

（3）店内环境：消费者对所在的消费环境所做的整体评价。

（4）商品组合：消费者对店内商品 SKU 以及商品组合搭配的整体评价。

（5）投诉处理：消费者对于在购物过程中反馈问题所收集到的回应的整体评价。

同样地，在消费者研究领域，国内学者也依据自己的研究角度对购物体验进行了自己的研究和定义。众所周知，实体零售行业与顾客具有较高的接触度，对于消费者而言，消费者要亲身参与产品或者服务，而参与其中对于某个产品或者服务的心理感受就是购物体验，同时还包括消费者通过这种体验所获得的美好记忆（贺和平，2013）。学者依据马斯洛需求层次理论的角度提出，购物体验指的是零售店主设计的为了满足不同购物场景中不同消费者需要的过程（朱世平，2003）。还有学者从顾客角度出发，认为购物体验是顾客在购物过程中对购物环境所产生的感受和回忆（温碧燕，2014）。消费者追求的不仅是商品本身，更是对零售企业服务的一种体验，或者说是消费情感的满足，同时指出顾客体验应该包含顾客在购物中所体会到的对美好回忆的内心感受（安贺新等，2018）。还有学者提出购物体验是错综复杂的一系列内心感受。虽然国内外学者对这一概念的定义并不完全统一，但是也有一致的观点：第一，都坚持顾客体验是消费者自身所体会到的内心感受；第二，消费者与零售终端之间必须要有一定的互动。

通过以上的梳理，我们可以发现，虽然学者对购物体验都有各自的认识与解释，但是主要可以分为以下两个维度：一是情感维度，最具代表性的就是体验之轮理论，即感官—情感—思考—行动—关联之间的逐渐转化；二是店内购物体验模型理论，即从人员接触、商品价值、店内环境、商品组合以及投诉处理五个维度去分析购物体验（Kawaf 和 Tagg，2017）。本书认为，情感维度较适合以体验为主的服务行业，店内体验模型更适合本书所研究的实体零售环境下的消费者问题；同时，店内环境体验模型最开始是在零售行业和门店研究中得出的。

（三）零售环境下的顾客价值

顾客价值作为零售领域的重要组成部分，许多相关学者对此进行了定义。Zeithaml（1988）认为，顾客价值是消费者从产品或服务中获得利益的感知与获取时所付出的成本进行比较后对产品或服务效用的综合评价。王高（2004）将顾客价值定义为顾客对从所购买的产品或服务中获得的全部利益的感知与顾客为获得该产品和服务所付出的全部感知成本之间的权衡关系。可以发现，他们主要倾向于用产品和服务的获取来衡量顾客价值，而并没有关注到购物过程中消费者无形的心理层面的付出或获取。

后来，学者意识到消费者的购物过程不仅是为了获取商品或服务，在此之外，消费者所获得的满意购物体验、心情愉悦也是购物价值的重要组成部分。学者 Hirschman 和 Holbrook（1982）最先在营销学方面提出购物价值的概念，作者认为仅仅将购物价值局限的理解为消费者对所购买的产品和功能的获取过于片面，由于一些消费者购买商品与商品本身的关联性较小，因此他们提出了体验的观点，强调顾客在功利性购物价值之外所得到的愉悦，美好的心理感受也是购物价值的重要组成部分。消费者不仅通过产品的包装、材质等外在属性对产品进行价值评价，同时也会通过内心愉悦性等享乐主义价值标准对商品进行价值判断。Batra 和 Ahtola（1991）指出，消费者的购物价值具有享乐性和功利性两个维度，不同种类产品的购物价值在这两个维度的组成程度上侧重不同。

在零售研究领域，许多学者对顾客价值进行了定义。Zeithaml（1988）提出顾客价值是消费者从产品或者服务的消费中所感知到的消费利得与为此所付出的成本利失之间比较之后的效用总评价。学者因此进一步提出顾客价值是消费者对服务或者产品属性、功能以及后续的使用结果所做的总评价，以及这一评价与自身消费需求的契合程度。还有学者提出总体价值定义，认为价值是相对于付出的，是对付出与获得之间的衡量，或者可以说顾客价值是顾客总获取与总成本之间的差值。而总价值获取是消费者从产品或服务的购买中所获得的包括产品本身价值、附带的服务价值等一系列利益所得（蒋廉雄和卢泰宏，2006；叶霏，2018）。

还有学者从消费者行为领域的视角来理解顾客感知价值的概念。顾客价值可以看作消费者在消费过程中所体会到的一系列主观或者客观的综合性感受。与消费者满意的概念对比来看，购物价值包含了主观和客观的综合性的价值评价，同时也包含了情感上和功能上的体验感知。在对购物价值的分类上，享乐主义购物价值和功利主义购物价值的划分一直被用于各种领域的研究之中。对于享乐主义购物价值，社会学以及心理学等领域的学者均有所研究（Batra 和 Ahtola，1991）。而享乐主义购物价值是消费者在购物过程中感受到的愉悦感，功利主义购物价值指的是消费者购物需求的满足程度。或者可以把享乐主义购物价值看作一种享受体验，把功利主义购物价值看作一种需要完成的工作形式（Rippé，2017）。

1. 享乐主义购物价值

（1）享乐主义购物价值的内涵。

相对于功利主义购物价值，享乐主义购物价值因为受消费者喜好的影响，消费者主观评价的影响因素较强，因此相对难以衡量。但是，消费者无论是在线上虚拟店铺中进行"淘宝"，还是在线下物理实体店进行消费，均有享乐主义购物价值的产生（Ozkara，2017）。一般来说，享乐主义购物价值通常具有以下特点：

首先，强调体验的过程：享乐主义购物价值一般具有较强的个人属性，往往依据消费者的个人喜好来判断，而非明确的衡量指标（Babin 等，1994）。

其次，外部刺激是主要的影响因素：包括产品属性、店铺购物环境等。

（2）享乐主义购物价值的维度。

基于传统零售行业与网络购物情境下这两种不同的购物场景，分别形成了三种研究维度，其中，基于传统线下购物场景中的享乐主义购物价值的相关研究比较充分，在线购物情景下的享乐主义购物价值维度研究起步较晚，多渠道情景中的享乐主义购物价值研究更是少之又少。基于传统线下实体店铺购物渠道背景下，Arnold 和 Reynolds（2003）开发出了享乐主义购物价值六维度量表，且六维度分别是：冒险性、满足性、角色性、价值感、社会性以及理想性。还有学者采用 8 问题测量消费者购物体验和购物价值，得出消费者享乐性购物价值包含五大指标：趣味性、令人兴奋、令人愉快、令人激动、可享受性（Yim 等，2014）。在线购物情景下，Overby 和 Lee（2006）指出趣味、娱乐、逃避是衡量在线情境下享乐主义购物价值的三个维度。还有学者提出衡量享乐主义购物价值的"冒险、社交、趋势、价值、权威"五维度视角以及从体验性、娱乐性、自我表达三个维度六个题项来衡量在线购物情境中消费者的享乐主义购物价值（Atulkar 和 Kesari，2017）。

2. 功利主义购物价值

（1）功利主义购物价值的含义。

学术界对于功利主义购物价值的相关研究主要可以分为以下两大类：一类是产品属性观；另一类是消费者需求观。其中，产品属性观认为消费者的功利价值主要是为了得到商品的功能完成自身的现实需求，消费者需求观认为怀有功利主义购物价值的消费者，其购物决策更加理性，他们会衡量功能性利得与为此所付出的价值利失之间的高低关系（Guido，2015）。他们更加具有理性的认知，将其看作一种达到消费需求目的的手段。功利性购物价值一般通过较高的有效信息分析，很少受情绪、心理等因素的影响，注重客观理性的分析以及主张物有所值（Sirakaya-Turk，2015）。功利主义购物价值更容易将购物过程看成一种任务，具有任务导向性，收集信息以及商品购买都成为其完成任务的手段。

（2）功利主义购物价值的维度。

同样地，前人对于功利主义购物价值的划分维度也是各有所长。最早的功利主义购物价值量表主要集中在特定的产品品牌、不同的产品类别以及不同的消费商场（Babin，1994）。

基于线上与线下不同的购物渠道，学者开发出了不同维度的功利主义购物价值量表。Voss 等（2003）采用李克特 7 级量表的 8 个题项设计出五个指标来衡量消费者的功利价值，分别是：有效性、功能性、有益性、适用性以及必要性。这一量表的开发使消费者的功利主义购物价值具有测量的维度，具有普遍意义的测量价值。基于这一研究，柏佳洁设计出了通过"任务导向""便利导向""时间导向"三个维度衡量购物价值的指标。在线上购物渠道中的相关研究中，Overby 和 Lee（2006）通过性价比、供应、时间、经济型四个指标来测量线上购物环境中的消费者功利性购物价值的量表。在多零售渠道情境中，还有学者利用李克特 5 级量表提出的 13 个问题的问卷来测量功利主义购物价值的四个维度：获取信息、比较价格、及时持有、寻求多样性，同样具有很好的适用性。

本书基于中国的消费情景，对消费者购物体验与购物价值的研究维度进行了一定的修正，使得对购物体验和购物价值的测量更加适合本书的消费情景。比如：购物体验方面，被调查者很少出现顾客投诉等行为，因此对于这一维度本书进行了取舍，使得调查更加贴合实际情况。

四、研究模型与理论假设

在前文文献梳理的基础上，依据本书的技术路线以及理论需要，本书主要从认知偏差与消费者困惑、消费者困惑与购物体验、消费者困惑与购物价值、购物体验与购物价值之间提出理论假设，具体如下：

（一）认知偏差与消费者困惑

在购物之前，消费者会依据自身生活经验或者知识水平对所要消费的购物场景进行心理预期，对于品牌属性、商品属性以及购物环境等因素均会有自己的认知，但是在购物过程中，如果消费者对于实体零售店铺内的环境以及商品感知与自身预期出现一定的偏差，那么消费者就会出现紧张或者不安的心理状态（Garaus，2018），这就会导致消费者的困惑，具体来讲，认知偏差主要有以下几个层面的原因：

首先，信息方面的影响主要可以划分为信息超载、信息模糊以及信息不对称。研究发现，在购物过程中，过多或不足的产品信息均会增加消费者做出最优决策的困难程度，这就会在一定程度上造成消费者困惑（Kasper，2010）。但是，学者把信息超载中的信息具体细化为信息质量和信息数量，并且通过研究得出：消费者的困惑水平与信息质量呈正相关关系，但是和信息数量的关系不显著（Özkan 和 Tolon，2015）。由此可以看出，学术界对于这一问题还未达成统一的共识，或者说在不同的购物场景、不同的产品属性上，消费者困惑和信息数量与质量之间的关系还不太明确，需要在具体环境中进行进一步讨论。

其次，产品层面可以细分为产品属性和产品价格。Shukla（2010）的研究结果显示：消费者困惑水平与产品的有形属性和无形属性均有一定的关系。例如：外表相似的不同商品会对消费者造成一定的心理困惑（Arboleda 和 Alonsa，2015；Moon 等，2016；Baier 和 Frost，2017）。具体到某一产品下，在电脑市场中，技术的复杂性是消费者困惑的重要原因。产品价格方面，学者利用实验法对186 名大学生进行实验发现，产品价格会影响消费者困惑水平，价格较低的时候，这种影响作用更加显著（凌喜欢和辛自强，2014；Ebina 和 Kinjo，2017）。

最后，在实体零售店铺的购物环境层面，学者提出将所有实体店铺中能够引起消费者困惑的因素整理完善统一进行研究，但是由于试验过于复杂，这些因素与消费者困惑的具体关系近年来才有学者进行不断完善。由于实地实验设计比较困难，Garaus 等（2015）通过专家访谈法进行研究设计，结果发现：实验中，较小的室内空间、过高的货架、复杂的信息宣传以及过多的人流等因素均会影响消费者的困惑水平；而欢快的音乐、阳光照射、明亮的室内环境等则会降低消费者困惑水平。

因此，依据以上文献的回顾与分析，本书提出如下假设：

H1：认知偏差会对消费者的困惑水平具有显著的正向影响。

H1a：信息层面的认知偏差会对消费者困惑水平具有显著的正向影响。

H1b：产品层面的认知偏差会对消费者困惑水平具有显著的正向影响。

H1c：购物环境层面的认知偏差会对消费者困惑水平具有显著的正向影响。

（二）消费者困惑与购物体验

在购物过程中，如果由于零售店铺环境和商品的原因导致消费者出现一定的困惑，这就会增加消费者做出正确选择的时间以及精力成本，如果这些依然不能使消费者及时地处理外部信息从而做出正确的判断，消费者会变得紧张和不安，这种心理状态会影响消费者的购物体验（Garaus，2015）。具体来讲，当关于产品的各种信息不能为消费者决策行为提供支持的时候，产品之间的相似性、复杂性等信息就会削弱消费者的信息以及处理能力，这样就会使消费者做出非最优选择。Kasabov（2015）认为，消费者困惑会为消费者带来不适的消费体验，进一步使得消费者在处理有效信息时出现失误或者对所需要购买的商品失去信心。进一步来讲，消费者困惑会增加消费者的疲劳程度，从而影响消费者的信任度、满意度以及消费信心，最终为消费者带来失望等不良情绪（Kasabov，2015）这对于后续的消费者满意、重复购买以及正面口碑传播均具有不利的影响（孙杰等，2019；张启尧和孙习祥，2018）。

因此，依据以上文献的回顾与分析，本书提出如下假设：

H2：消费者困惑水平会对消费者的购物体验具有显著的负向影响。

H2a：相似困惑对环境体验具有显著的负向影响。

H2b：相似困惑对服务体验具有显著的负向影响。

H2c：模糊困惑对环境体验具有显著的负向影响。

H2d：模糊困惑对服务体验具有显著的负向影响。

H2e：超载困惑对环境体验具有显著的负向影响。

H2f：超载困惑对服务体验具有显著的负向影响。

（三）消费者困惑与购物价值

消费者在购物过程中会受到外部环境以及信息的刺激，当消费者不能对其进行正确处理时，心理上不安的状态就会产生，从而产生消费者困惑。这将会进一步促使消费者做出一些对零售企业不利的行为或者举动，主要包括延迟或者取消购买决策、负面口碑传播等（Lomax 等，2015；焦冠哲，2018）。Garaus 等

（2015）研究指出，令消费者产生困惑的消费环境会限制消费目标的实现，从而造成消费者产生负面情绪，进一步影响购物价值，包括消费者的享乐主义购物价值以及功利主义购物价值，同时还会增强二者之间的关系，导致同步降低消费者对购物价值两个维度的感知。Moon 等（2016）把消费者困惑具体分为相似困惑、模糊困惑以及超载困惑，通过实证研究逐一分析消费者困惑的各个维度与负面口碑传播之间的具体关系，研究发现：只有超载困惑与消费者的负面口碑传播之间的关系比较显著，相似困惑和模糊困惑与负面口碑传播之间的关系均不显著。但是 Walsh 等（2004）的研究结论却正好相反，他们的研究指出，相似困惑会显著减少消费者的口碑传播效应。因此，二者之间的具体关系还需要在具体环境以及具体消费场景中进行进一步的验证。

在此关系的基础上，本书提出如下假设：

H3：消费者困惑水平对消费者的购物价值具有显著的负向影响。

H3a：消费者的相似困惑对享乐价值具有显著的负向影响。

H3b：消费者的相似困惑对功利价值具有显著的负向影响。

H3c：消费者的模糊困惑对享乐价值具有显著的负向影响。

H3d：消费者的模糊困惑对功利价值具有显著的负向影响。

H3e：消费者的超载困惑对享乐价值具有显著的负向影响。

H3f：消费者的超载困惑对功利价值具有显著的负向影响。

（四）购物体验与购物价值

在消费者行为领域的研究中，学者普遍认为，顾客的购物价值是由可控因素和不可控因素构成的。服务质量、感知的产品质量、产品的多样性和分类、商店的内部环境、产品价格和商店策略 6 个因素构成可控因素（贺和平，2011）。顾客体验是实体零售环境中的消费者与外部因素互动产生的，二者在单方面的情况下均不能产生购物价值，因此只有消费者与产品或服务的互动之中存在购物价值（Hirschman 和 Holbrook，1982；侯旻，2017）。顾客的消费体验是顾客价值的基础（B. Schmitt 等，2015）。整个购物体验的过程就是购物价值形成的过程。综上所述，可以发现，消费者对环境的感知能够影响消费者的情绪、信念以及行为。

也就是说购物体验会影响消费者的购物价值，在零售环境中的消费者购物体验越好，消费者感知到的购物价值越高。

在此基础上，本书提出如下假设：

H4：消费者的购物体验对消费者的购物价值具有显著的正向影响。

H4a：消费者的环境体验对享乐价值具有显著的正向影响。

H4b：消费者的环境体验对功利价值具有显著的正向影响。

H4c：消费者的服务体验对享乐价值具有显著的正向影响。

H4d：消费者的服务体验对功利价值具有显著的正向影响。

综合以上观点，本书认为实体零售环境下消费者的认知偏差、消费者困惑、购物体验、购物价值之间存在一种逻辑关系，具体研究模型如图6-2所示：

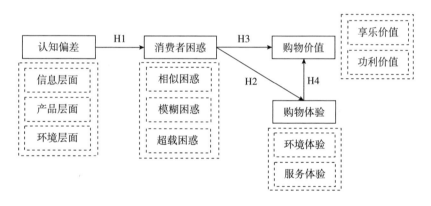

图6-2 本书的研究模型

五、实证研究设计

（一）相关变量测量

本书的问卷设计部分参考了国内外相关学者的研究成果，同时结合本书的中国情境下实体零售环境中消费者的实际情况，对问卷的题项进行了具体分析，使问卷题项更加符合本书的主题。

有关认知失调程度或者认知偏差程度的测量，我们依据前人的研究基础，设置了几个题项：商品感知、价格感知、环境感知等内容；消费者困惑方面的量表我们采用学术界普遍认可度较高的分类方法，这个方法将消费者困惑分为相似困惑、模糊困惑与超载困惑。其中相似困惑包括店内在售商品的外观、材质、功能等方面的相似程度测量；模糊困惑包括产品复杂性、产品说明以及产品信息的充分程度等方面来设计题项；超载困惑依据实体零售店铺内有声无声信息宣传、信息搜索难易程度以及工作人员推荐等方面的问题构成；购物体验量表依据前人相关研究分为：环境体验和服务体验；环境体验设置了店面环境、商品陈列、店内标识等测量问题；服务体验设置了工作人员主动性、工作人员专业度以及对消费者的关注程度三个问题；购物价值分为享乐价值以及功利价值。各变量均采用李克特5级量表法，设置为1~5五个选项，分别代表被调查者对各个题项问题态度的强弱程度。

（二）预调研

在发放正式问卷之前，本书首先进行了小范围的预调研，用来检验问卷的质量以便及时对问卷进行调整来确保问卷在本次研究中的科学性及有用性。预调研采取线上网络渠道发放的形式，通过问卷星问卷互填进行数据收集，共收集问卷86份，删除"没有无印良品购物经验""问卷时间小于100秒"等不符合条件的问卷之后，最终获得80份问卷数据进行前测，本书使用SPSS对问卷数据进行信度和效度检验。

（三）最终问卷

本书的调查设计以无印良品为研究对象，无印良品为日本的一个杂货店品牌，产品类别覆盖文具用品、厨房用品、家居用品以及食品等生活日用品，因为与消费者生活息息相关，所以为大众所熟知。店内产品在包装以及产品设计上均无明显的品牌标识，用作本书的调研对象比较合适。

通过参照初始问卷的小范围预调研的结果分析，同时与导师、同学以及部分被调查对象进行沟通，听取各方意见以增加问卷的可行性与可靠性，在初步调研之后，发现问卷仍然存在需要修改的地方，因此，随后对问卷进行了小范围的修正，对问卷语言进行去专业化处理，使调查问卷更容易被调查对象所理解，从而保证调查内容与研究内容更加贴切。问卷进行修正后，正式问卷的测量指标以及题项如表6-1所示：

表6-1 问卷测量指标及题项

变量	题项	来源
认知失调	无印良品的产品品类与其他同类店铺大体相同 无印良品的产品价格与其他同类店铺大体相同 无印良品的店面布置与同类店铺大体相同 无印良品的货架布局与同类店铺大体相同	Garaus 等，2015
相似困惑	许多商品很相似，所以有时候很难发现哪些是新商品 有些商品的外包装没有明显区别，使我不能很好地区分 不同商品可以满足我的相同需求以至于有时会难以挑选	Garaus 等，2007；Sachse 等，2010；Wang 和 Shukla，2013
模糊困惑	有些商品通常如此复杂以至于很难完全了解产品 我经常很难从产品的说明中知道一个产品能够做什么 当购买新产品时我经常觉得信息不足	Garaus 等，2007；Sachse 等，2010；Wang 和 Shukla，2013
超载困惑	店铺的宣传信息量很大，因此不能很快找到我所需要的信息 店铺导购经常向我推荐我不需要的产品 在这家店铺进行信息搜索较为困难	Garaus 等，2007；Sachse 等，2010；Wang 和 Shukla，2013
购物体验	这家店铺的商品陈列布局很合理 这家店铺的引导标识很清晰 这家店铺的员工愿意随时为我提供帮助 这家店铺的员工会关注我的个人需求 这家店铺的员工在我遇到问题时会为我提供及时有效的服务	Terblanche 和 Boshoff，2002，2004，2006；韩理俊，2009
享乐价值	在这家店铺购物使我有一种愉悦的体验 在这家店铺购物是一种享受 在这家店铺购物的时间真的很愉快	Garaus 等，2015
功利价值	我认为自己在这家店铺购物节省了时间 我认为自己在这家店铺购物很高效	Garaus 等，2015；Overby 和 Lee，2006

（四）数据收集

本次调查主要采用线上与线下同时发放问卷的形式，线上通过问卷星在专业的调查网站进行回收，线下通过在校园内随机发放问卷的形式，本次调查研究共收回问卷 238 份，剔除无效问卷 32 份，剩余有效问卷 206 份，有效问卷回收率为 86.6%。以下部分内容均是基于这 206 份样本的反馈进行数据分析的。

本书的数据分析主要分为以下两部分：第一部分为基本描述性统计，包括被调查者的性别、年龄、学历、月收入等基本统计学指标；第二部分是数据分析的主要内容，包括整体模型的拟合效果分析以及具体检验前文理论构建部分提出的各种变量之间的逐一关系是否成立，本书的数据分析部分是通过建立结构方程模型应用 Amos 软件进行处理的。

六、实证结果分析

（一）描述性统计

本书的数据处理部分首先进行的是基本信息统计，以此来判断调查对象是否符合本书的研究要求，被调查对象的描述性统计结果具体如表 6-2 所示：

表 6-2　样本数据描述性统计结果

变量	类别	频率	百分比（%）
性别	男	85	41.3
	女	121	58.7
年龄	20 岁及以下	13	6.3
	21~30 岁	165	80.1
	31~40 岁	23	11.2
	41~50 岁	4	1.9
	50 岁以上	1	0.5
月收入	3000 元及以下	136	66
	3001~5000 元	39	18.9
	5001~10000 元	22	10.7
	10001 元以上	9	4.4

续表

变量	类别	频率	百分比（%）
学历	专科及以下	14	6.8
	本科	153	74.3
	硕士及以上	39	18.9

根据数据分析结果可以看出：从性别上来看，男性为 85 人，占比为 41.3%，女性为 121 人，占比为 58.7%，女性占比较高，主要是因为无印良品的消费者大多为女性，因此样本统计结果符合现实消费场景中的实际情况；从年龄上来看，受访者年龄主要集中于 21~30 岁，共有 165 人，约占样本总量的 80.1%，样本年龄较为年轻，符合无印良品年轻化的消费群体定位；从受教育程度层面上来看，受访者以本科学历为主，共有 153 人，约占样本总量的 74.3%。

由此，可以得出结论，样本选取性别符合调研要求，21~30 岁为样本年龄聚集区间，学历以本科为主，同时也囊括了其他各学历层次。总体来看，数据收集方法是可靠的，以此收集来的数据是可以用来对数据进行分析的。

（二）信效度分析

问卷信度分析测量的是问卷的可信程度，通常用来验证问卷调查所获数据结果的稳定性与一致性，一般用 Cronbach's α 系数来衡量，α 系数值在 0~1。本次数据结果如表 6-3 所示，其中 α 值都达到了 0.6 以上，说明问卷设计具有较高的可信度。

表 6-3　变量的 Cronbach's α 系数

变量	题项	Cronbach's α 系数
认知失调	3	0.769
相似困惑	3	0.775
模糊困惑	3	0.679
超载困惑	3	0.641
环境体验	2	0.730

续表

变量	题项	Cronbach's α 系数
服务体验	3	0.767
享乐价值	3	0.818
功利价值	2	0.775

本书采用 SPSS 进行量表的信效度检验，对问卷的样本数据进行因子分析，根据结果将不符合数据保留标准的题项予以剔除，对量表进行进一步的净化，最终得到八个变量的 Cronbach's α 系数均大于 0.6，说明这几个变量都具有较高的信度，本问卷的测量问题都具有一定的稳定性和可靠性。

效度指的是问卷测量的准确性与适用性，效度分析主要从内容效度和结构效度进行测量。本书通过因子分析来验证量表的结构效度，在此之前首先测量各因子的 KMO 和 Bartlett 球形检验，用来判定样本数据结果是否符合做因子分析。理论上来讲，KMO 的值在 0~1，越接近于 1，就越适合做因子分析；Bartlett 球形检验主要用来验证数据结果的显著性，一般来讲，如果 KMO 的值大于 0.7 且数据在 0.05 置信水平下显著，那么适合做因子分析。如果 KMO 的值小于 0.5，则不适合进行因子分析。本书运用 SPSS 统计软件，使用因子提取法和最大方差旋转法，分别对各变量进行因子分析，检验变量数据的结构效度，数据结果如表 6-4 所示。

表 6-4　KMO 和 Bartlett 球形检验

变量	KMO	近似卡方	Df	Sig.
认知失调	0.654	174.087	3	0.000
相似困惑	0.663	180.985	3	0.000
模糊困惑	0.651	98.513	3	0.000
超载困惑	0.587	94.333	3	0.000
环境体验	0.500	81.788	1	0.000
服务体验	0.694	157.640	3	0.000
享乐价值	0.719	213.281	3	0.000
功利价值	0.500	104.022	1	0.000

从表6-4可以看出，本书问卷设计的 KMO 值均大于 0.5，说明变量之间的偏相关性较强。Bartlett 球形检验中的 P 值均为 0.000，所以拒绝各变量相互独立的原假设，即变量之间具有较强的相关性，适合做因子分析。

通过因子分析，得到各变量的累计方差贡献率，详细数据结果如表 6-5所示。

表 6-5　变量的累计方差贡献率

变量	累计方差贡献率（%）
认知失调	68.630
相似困惑	69.040
模糊困惑	61.010
超载困惑	58.920
环境体验	78.764
服务体验	68.274
享乐价值	73.420
功利价值	81.631

表 6-5 展示了各变量维度的累计方差贡献率，各变量的累计方差贡献率几乎均大于 60%，说明变量解释的总方差丢失成分相对较少，量表中变量保留的各个题项的解释程度较高，具有一定的可信度。

接下来对判别效度进行检验。一般是通过比较各个变量维度 AVE 的平方根与该变量维度与其他维度之间相关系数的大小来判断各个维度之间的区别效度，如果各个维度 AVE 的算术平方根都大于后者的话，就可以说明各维度之间的判别效度较好。

本书首先通过软件对因子得分矩阵提取结果进行计算得到各变量的 AVE 值，其次逐一进行开方，放在表 6-6 的对角线处。同时，用 SPSS 测量变量各维度之间的相关系数，结果如表 6-6 所示。由表中数据可知，对角线处各潜变量 AVE 的平方根值均为所在行所在列的最大值，说明各维度题项测量的内容之间有明显的区分，列表对区别效度做出了很好的检验。

表6-6 变量的判别效度检验

变量	认知失调	相似困惑	模糊困惑	超载困惑	环境体验	服务体验	享乐价值	功利价值
认知失调	0.789							
相似困惑	0.253	0.831						
模糊困惑	0.288	0.452	0.781					
超载困惑	0.292	0.428	0.641	0.768				
环境体验	0.099	−0.039	−0.176	−0.212	0.887			
服务体验	0.145	0.074	−0.017	−0.036	0.354	0.826		
享乐价值	0.063	0.038	−0.150	−0.184	0.615	0.462	0.857	
功利价值	0.250	−0.050	−0.016	0.056	0.261	0.440	0.328	0.903

（三）模型拟合效果分析

基于上述问卷数据的处理，本书使用结构方程模型分析软件对第四部分提出的相关理论模型进行了拟合，在此基础上，首先剔除了几条关系明显不显著的路径，并依据模型修正系数对模型进行了一系列的修正，得到最终的拟合结果如表6-7所示。

表6-7 模型的拟合程度

变量	理论模型	修正模型
卡方	726.552	327.012
自由度	280.000	193.000
P值	0.000	0.000
GFI	0.783	0.878
CFI	0.803	0.917
RMSEA	0.089	0.058
RMR	0.131	0.057

从表6-7中的模型拟合程度数据结果可以看到，原始模型的拟合程度并不是特别理想，但是在通过模型修正之后，模型的各个拟合指标均有明显改善，模型

的相对拟合指数（CFI）和均方根指数（RMSEA）等检验指标都已经符合标准要求，表明修正后的模型可以较好地对数据进行拟合。

在剔除了无效路径以后，依据模型修正系数对模型进行进一步调整，在修正的基础上，本书对模型的路径系数进行检验。具体结果如表6-8所示。

表 6-8　修正模型的路径系数检验

			Estimate	S. E.	C. R.	P
模糊困惑	<---	认知失调	0.384	0.095	4.034	***
超载困惑	<---	模糊困惑	0.845	0.137	6.150	***
相似困惑	<---	超载困惑	0.483	0.106	4.558	***
相似困惑	<---	认知失调	0.175	0.086	2.046	0.041
环境体验	<---	相似困惑	-0.335	0.154	-2.176	0.030
服务体验	<---	相似困惑	-0.300	0.149	-2.014	0.044
环境体验	<---	超载困惑	-0.544	0.152	-3.588	***
服务体验	<---	超载困惑	-0.233	0.136	-1.711	0.087
功利价值	<---	相似困惑	-0.308	0.152	-2.023	0.043
功利价值	<---	超载困惑	-0.317	0.150	-2.108	0.035
享乐价值	<---	环境体验	0.733	0.110	6.654	***
功利价值	<---	环境体验	0.182	0.109	1.667	0.095
享乐价值	<---	服务体验	0.323	0.095	3.398	***
功利价值	<---	服务体验	0.586	0.125	4.693	***

根据实证结果，得到修正后的模型如图6-3所示。

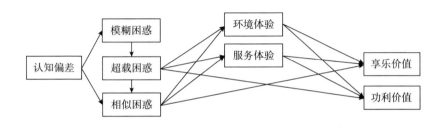

图 6-3　本书的修正模型

七、研究结论与管理启示

（一）研究结论

在网络零售与实体零售互相竞争又互相融合的情况下，实体零售企业随着大量广告宣传以及产品同质化问题的日益严重，在为顾客塑造和传递价值的过程中，也导致消费者困惑问题日益突出。

基于这种现实状况，本书通过建立结构方程模型，探讨实体零售环境下消费者困惑对购物体验和购物价值的影响机制与关系路径，帮助零售企业经营者探讨消费者在购物过程中的心理以及情感体验过程，从而有针对性地引导商家与零售企业经营者进行经营策略调整以及经营方式的改进，从而逐步提高实体零售环境下消费者的购物体验和购物价值。

本书首先在前人研究的基础上对相关研究进行文献整理，构建了认知偏差、消费者困惑、购物体验与购物价值之间的理论模型以及相关假设，根据前人对于相关变量的测量问卷进行梳理调整形成本书的正式调查问卷，利用 AMOS 数据处理软件，将问卷调查得来的 206 份有效问卷对本书的研究框架进行拟合，并逐步验证，主要得出以下结论：消费者的认知偏差对于消费者困惑具有部分影响作用，具体来讲：认知偏差会影响消费者购物过程中的模糊困惑和相似困惑，但是对于超载困惑的作用不显著；模糊困惑对于购物体验和购物价值均不存在明显相关关系，但会通过作用于消费者的相似困惑来影响消费者的购物体验与购物价值；超载困惑和相似困惑不仅会直接影响消费者的购物价值，还会通过影响消费者的购物体验继而影响消费者的购物价值；消费者的购物体验与购物价值之间存在正向的相关关系。具体如下：

1. 认知偏差对消费者困惑的影响

从实证分析结果来看，消费者的认知偏差对消费者困惑具有部分影响作用，认知偏差对消费者的模糊困惑与相似困惑具有一定的影响，但对于超载困惑的影响不显著。本书认为，认知偏差来源于消费者在无印良品零售店内感受到的购物体验和购物价值与未消费之前对于无印良品的印象与感知之间的感知偏差，这种偏差可能来源于环境与商品的相似或者不同，因此导致了消费者的模糊困惑与相似困惑，由于无印良品店内并未出现大量广告以及语音形式的信息宣传，因此并未影响消费者的超载困惑。

2. 消费者困惑对购物体验的影响

从实证结果来看，消费者的超载困惑与相似困惑会直接影响消费者的购物体验，模糊困惑虽然不会直接影响消费者的购物体验，但是会通过影响消费者的超载困惑以及相似困惑从而间接影响消费者的购物体验。已有文献表明，模糊困惑主要来自商品信息较少，消费者对商品的用途以及功能的不确定，只能通过外观来对商品的用途以及整体感知做出判断。从无印良品来看，店内商品的介绍说明极为简洁，因此消费者会觉得商品较为相似，难以区分，从而产生相似困惑。

3. 消费者困惑对购物价值的影响

消费者的超载困惑和相似困惑对于购物价值具有直接影响，对模糊困惑的影响效果不显著，但是模糊困惑会通过超载困惑以及相似困惑间接对消费者的购物价值产生一定的影响。令消费者产生困惑的消费环境会为消费者带来负面情绪，从而降低消费者的享乐主义购物价值与功利主义购物价值。

4. 购物体验与购物价值的关系

消费者的购物体验对购物价值具有一定的影响。顾客体验是顾客价值的基础，消费者整个购物体验的过程就是购物价值形成的过程，所以，顾客在购物过程中对环境服务的感知，以及对消费者的情感和行为会产生影响，从而对购物价值产生直接的影响。

（二）管理启示

随着社会的不断进步，实体零售行业出现较高的活跃性，加上互联网技术、人工智能等在实体零售行业中的应用，使产品种类不断增长、同质化现象更加严重，对消费者在做出购买决策时的消费信心和耐心产生消极影响，从而影响其最终的购买决策。因此，对于零售企业来说，既能做到使消费者的多样化需求得到最大满足又能减少在购物和决策过程中的消费者困惑。本书通过数据实证分析，研究消费者困惑与购物体验以及购物价值之间的关系机制，研究结果帮助企业和消费者理解消费者困惑产生的具体原因，又是如何影响购物体验和购物价值的，从而进一步从理论和实践的角度为实体零售经营者提出有针对性的营销对策，帮助减少消费者困惑，提高实体零售环境下消费者的购物体验和购物价值，最终促进实体零售企业的健康快速发展。

1. 减少相似性困惑的建议

相似性困惑主要来自产品外观、材质、功能等方面的相似性，使消费者在购物过程中紧紧依靠基本信息无法判断商品的区别。因此，减少消费者的相似性困惑，零售店铺经营者可以采用产品差异化策略。随着大规模标准化生产的日益普及，消费市场中的产品同质化问题越来越严重。此外，仿制品技术的日益精湛使大量外表相似的仿制品投入消费市场，这样就造成了消费者购买决策过程中难以区分产品相似性问题。实证研究表明，超载困惑和相似困惑会影响消费者的环境体验和服务体验，从而影响消费者的购物价值。因此，零售企业需要采用以下差异化策略，形成自己的竞争优势：

第一，精准定位。市场定位是塑造产品差异化形象的基础，商家只有形成自己产品独特的品牌个性形象，才能够在众多品牌中脱颖而出，被消费者所深刻记忆并进行后续的良性口碑传播。

第二，塑造差异化形象，在精准定位的基础上，采取聚焦战略，选取某一细分领域，针对该领域进行调研，了解消费者的需求，从而打造出针对该细分领域独具特色的产品。

2. 减少模糊性困惑的建议

（1）明确外部信息宣传。

在现实的购物场景中，消费者通过零售企业的宣传来了解产品，却无法辨别商家宣传的真实程度，也是因为许多企业的营销策略不明确，导致消费者对商家的信息宣传内容产生错误认知。也有很多情况下，企业为了营造产品效果，利用双关词语或者夸张性图片、文字说明来误导消费者，导致消费者无法对产品做出清晰明确的判断，从而降低消费者的购买意愿。

此外，随着科学技术的发展，各专业领域的新名词不断出现，而基于消费者的认知水平，无法准确理解该类词汇的内涵和所能体现的产品价值，特别是手机、笔记本电脑等电子类产品，该类词汇过于频繁地出现反而会使消费者产生紧张不安、逃避购买决策等心理状态，从而对消费者的购物体验和购物价值产生影响。因此，企业在进行产品的外部宣传时，首先要做到目的明确，抓住消费者的购买心理，在此基础上，做到外部宣传与产品描述尽量一致。当进行产品说明时，更需要口语化、直白化，尽量使用消费者易于理解的描述，使得消费者对产品功能属性有最真实的了解，降低消费者的模糊困惑，从而提高消费者的购物体验和购物价值，最终转化为购买意愿以及正面口碑传播。

（2）配备专业人员，降低消费者模糊性困惑。

由于在形成模糊性认知的状态之后，部分消费者会急于寻求他人的专业意见和建议来降低认知偏差与感知利失。另外，通常消费者知道自己需要购买的产品以及产品应该具有的功能属性，但是却很难对该产品进行具体了解和进一步的甄别筛选，或者难以将自身需求与产品属性介绍相匹配。因此，作为实体零售经营者，如果经营的商品复杂程度较高，或者容易引起消费者的模糊性困惑，应当适量配备具有专业产品知识的营销人员，帮助消费者在购物过程中识别自身的具体需求，以此来筛选适合自己的商品。并且以通俗易懂的方式对产品进行明确的比较，为消费者进行专业的产品讲解，从而降低消费者的模糊性困惑，提高消费者的购物体验和购物价值，指导消费者的购买行为，这样才会在购后行为中的口碑传播产生良好的口碑效应。

3. 减少超载性困惑的建议

（1）优化经营的产品线。

零售企业拓宽产品线可以涉足更多的领域，服务于更大的消费市场与更多的消费者来提高企业的销售额，但是，当经营的产品线达到一定程度时，消费者不仅无法从中获得满意的购物体验与购物价值，反而会难以区分不同的产品线，很难找到适合自身需求的产品，从而产生无助、困惑等心理感受。因此，对于零售企业来说，对自身经营的产品线进行优化，并能够区分不同的产品线，以明显的区分度来降低消费者困惑，使消费者根据自身的特点寻找适合自己特质的产品，从而满足自身的消费需求，实现购物价值。

（2）注重宣传的质量，控制数量。

如今，信息轰炸成为许多零售经营者进行商业宣传的必备方式。但是过量的信息宣传不仅会带来实体零售店宣传成本的增加还有可能对企业形象造成负面的影响。随着消费者受教育程度的提高，甄别信息真伪的能力也在不断增强。因此，企业的广告宣传应该注重信息的质量而非数量，在广告中突出产品的独特性，注重宣传产品的核心竞争力。另外，随着互联网技术的不断发展与应用，无所不在的广告已经使得消费者产生了抵触情绪。因此，实体零售企业的广告宣传要更加注重质量、内容，例如，另辟蹊径，采用生态化的模式营造消费者舒适的观看体验，或者采用走心的形式直达消费者内心，减少枯燥乏味又高强度的广告营销方式，从而减少消费者购物过程中的超载性困惑，避免消费者对商品产生抵制或者厌恶的情绪。

第七章 互联网环境下实体零售企业商业模式变革的案例分析

一、互联网环境下实体零售企业的供应链逆向整合案例

结合零售商供应链逆向整合模式选择与功能和资源基础拓展关系的分析框架以及零售商实施供应链逆向整合模式选择与渠道权力的关系模型，本书选取永辉超市作为零售商实施供应链逆向整合实践的企业代表，对零售商供应链逆向整合模式选择以及对零售商渠道权力的影响进行案例分析。

（一）案例研究设计

1. 案例企业选择

根据本书对供应链逆向整合的界定，结合研究目标，本书以如下标准选定案例企业进行案例研究：

其一，案例企业属于零售企业，具有丰富的供应链逆向整合实践的实例和经验，且在供应链逆向整合实践上有较为成功的案例能使案例研究结果具有现实意义。通过对北京周边开展供应链逆向整合实践的零售企业进行了解，选择在供应链逆向整合实践上具有丰富实例的永辉超市进行具体的案例分析。永辉超市是目

前国内富有创新能力、增长速度最快的科技零售企业之一，拥有的核心品牌包括超级物种、永辉生活 App、Bravo 永辉会员店和永辉超市。截至 2021 年，永辉在全国的门店总数达 1020 家，根据永辉 2020 年年报，公司实现营业总收入 931.99 亿元，同比增长 9.8%，净利润 17.94 亿元，同比增长 14.76%。近年来，永辉超市旨在改善供应链的管理水平，着力发挥商品资源优势来构建关于食品的供应链平台，对生鲜产品坚持直接采购的农超对接模式来提升供应链的运行效率，积极推动定制产品的开发和运营，并开展自有品牌的运营活动。通过优化商品结构和整合供应链的资源来获得竞争优势，提升企业的获利能力，并通过巩固零售端的市场分销能力，开拓企业市场，从而构建规模效应以实现更大的市场规模。

其二，案例企业永辉在供应链逆向整合实践中对供应链的整合涉及的程度比较深入，使案例研究对供应链逆向整合的探索也比较深入。案例企业永辉通过源头直采、品质定制和自有品牌等供应链逆向整合实践，整合了分销能力、数据分析能力、采购能力、信息能力、精准营销能力、产品开发能力、品牌运营能力等资源基础。

其三，案例企业永辉实施的供应链逆向整合实践具有鲜明的模式特征，且不同的供应链逆向整合模式下零售商所实现的功能和资源基础有所差异。而资源基础是零售商获取渠道权力的来源，因此永辉选择实施不同的供应链逆向整合模式导致资源基础的差异会对零售商获取渠道权力产生影响。而本书的研究重点就是探索零售商供应链逆向整合模式选择对零售商渠道权力的影响，因此案例企业实践与本书的研究重点相契合。

其四，案例企业永辉实施了源头直采、品质定制和自有品牌等供应链逆向整合实践，从实施三种模式实现的资源基础来看，呈现出一定的规律性。而渠道权力依赖于对关键资源的获取，因此实现三种模式的资源基础呈现的递进规律特征有助于案例研究最后形成规律性的结论。

2. 数据收集

本书通过多种渠道来收集永辉实施供应链逆向整合实践的资料信息，主要包括如下资料信息：①二手资料，来源于永辉超市企业官网资料、公司年报、报纸和网上新闻关于永辉超市实施供应链逆向整合实践的报道以及管理者公开讲话、书籍和文献资料等资料数据。②非正式交流，笔者与永辉超市的门店员工和到店消费的顾客进行交流，加深对永辉超市进行供应链逆向整合实践的直观了解。③亲身实践，在线上和线下购买永辉超市的源头直采、定制、自有品牌模式下的产品进行体验。④访谈，制作访谈提纲对永辉超市进行访谈，获取一手数据。

通过多渠道收集多种类型的数据，进行数据的梳理工作，形成数据链，通过多元数据来对数据及数据分析结论进行验证，并在数据收集和案例研究过程中做到客观，避免个人主观判断和偏见，提升案例研究的信效度。

（二）永辉的供应链逆向整合实践

永辉的供应链逆向整合实践包括源头直采、品质定制和自有品牌三种模式，三种模式具有的特征和资源情况如表7-1所示。

表7-1 永辉不同供应链整合模式的特征和资源情况

模式	特征	资源分解
源头直采	买手制、建立直接采购与基地专供的模式体系和采购标准、物流配送体系、聚合规模需求、实现规模采购、信息共享	采购能力
		物流能力
		分销能力
		信息能力
品质定制	品牌商合作关系、基于自有分销渠道建设为基础的数据获取和分析、信息共享、针对自有分销渠道消费者开展的产品开发和产品营销	商品开发能力
		商品销售能力
		数据分析能力
		物流能力
		分销能力
		信息能力
		采购能力
自有品牌	买手基于对消费者的消费需求分析进行选品、精选供应商代工或自建生产加工设施、完善的品控体系、上市前消费者盲测、品牌营销	商品开发能力
		商品销售能力
		数据分析能力
		品牌运营能力
		信息能力
		采购能力
		物流能力
		分销能力

1. 永辉的源头直采模式

当前永辉已经形成全球直采和国内原产地直采的供应链管理模式。在全国已有的农业合作基地超过 20 个，打破了原有的由生产者到批发商和经销商的层层分销的模式，形成超市+农户、农业合作社或农业企业的农超对接模式。其中，生鲜产品的直采比例超过 70%，永辉与当地生产者直接对接，提供生鲜产品的包括种类、数量、质量在内的需求信息，对生鲜产品进行质检和食品安全的把控，并对生鲜产品的生产提供技术指导，建立起对生鲜产品的包括质检、清洁、分装、打包等在内的生鲜标准化流程，并在长期的直采活动中建立起包含生鲜产品采购的产地、价格、质量、生长周期、供应商等信息在内的采购信息。在全球直采方面，优化原有的由原产地供应商—进出口贸易商—全国总代理—省区经销商—超市门店的一般进口供应链模式简化为由原产地供应商—超市门店的直采模式，如图 5-2 所示。2017 年重点对澳大利亚牛肉、泰国大米等原产地产品进行直采，并深化了与牛奶、达曼、东展国际的全球合作，云商食百直采的海外商品的销售同比增长了 64.6%。通过与原产地供应商的直接合作，打造差异化的产品优势，提升供应链的效率。此外，永辉与中百集团、红旗连锁等同业零售商达成了战略合作关系，共享采购资源和物流资源，并进行联合采购，进一步强化规模采购优势，提升采购议价能力和供应链资源利用效率，如图 7-1 所示。

图 7-1　永辉的联合采购模式

永辉实现源头直采的模式可总结为以下四步：第一步是构建买手队伍进行产品选择；第二步是完成源头直接采购体系建设，制定产品生产流程和安全标准；第三步是建设满足源头直采商品的配送需求的物流配送体系；第四步是与同业达成联合采购的合作关系实现规模采购。

永辉超市对生鲜产品的源头直采方面具有丰富的实践经验，直接采购也是永辉超市对生鲜产品采购的主要方式。一直以来，永辉的买手团队不断地从产品的品质、竞争力和安全性等多个角度出发，寻找和建立可以进行直接采购的农产品基地，来减少中间环节，比如与獐子岛集团展开合作，直接采购龙虾、扇贝；与苏州阳澄湖大闸蟹公司展开合作进行直接采购。采购人员对直接采购商品的保鲜、物流、采购等成本进行核算制定商品售价，掌握定价权。通过省略中间环节，缩短供应链的长度，整合供应链流程，提高供应链效率，降低供应链的成本和采购价格。在全国范围内与供应商建立起长期、稳定的农产品采购关系网络，建立起直接采购+基地专供的模式。永辉对供应商的产品品质把控，建立了评价指标并参与产品开发及生产过程来进行品质把控。而为了加快发挥全球资源的优势，永辉与全球许多国家和地区的知名生鲜供应商，如优质肉食产品供应商 Kilcoy Global Foods 达成了直接采购伙伴关系，在国际上重点开发了对泰国龙眼干、大米等产品的直接采购，此外，永辉还加强与达曼国际、东展国际的合作，增加海外直接采购商品的规模，提高海外直接采购商品的效率。

除此之外，永辉凭借自己多年来建立的线上和线下的分销渠道体系，与同业零售商实施联合采购的策略，形成了规模采购的优势，也使得永辉获得与供应商建立良好的合作关系的基础，并因此获得采购价格上的优势。一直以来，永辉都采取快速扩张门店数量和规模的策略来拓展市场规模，并获取规模效应。永辉的门店扩张采用多业态并行的方式，涵盖了超级物种、Bravo 永辉会员店、永辉超市、永辉生活店等多种形式，共同满足目标顾客差异化的市场需求。目前永辉的门店扩张主要集中在超级物种、永辉生活店等适应消费者需求变化的新开发的小型业态上进行发力。截至 2017 年末，永辉在全国的门店总数达 800 家，经营面积超过 600 万平方米，在 2017 年永辉生活店的新开业门店数达 172 家，截至 2018 年底，超级物种在全国的经营店铺数达 60 家。此外，永辉积极开展线上渠道建设，上线了自营 App 永辉生活，并加入微信小程序和开通微信公众号的运营，入驻到京东到家等第三方的线上销售平台，并在超级物种等业态的实体门店中积极开展线上线下融合的经营实践，开展线下门店与线上永辉生活 App、微信公众号、小程序等多渠道的联动营销、共享会员和采购资源等多个维度的线上线下多渠道融合经营实践。此外，永辉与中百集团、红旗连锁等同业零售商达成了战略合作关系，共享采购资源和物流资源，进行联合采购，进一步强化规模采购优势。

一直以来永辉都根据门店布局，进行配套的物流仓配体系建设。在福州、重庆、沈阳等全国多地建设自营的物流中心，服务企业内部对仓储配送的需求。永辉与中百集团等同业零售商达成战略合作协议，共享物流资源，发挥同业优势资源展开协同合作。

2. 永辉的品质定制模式

永辉定制产品的开发模式有以下两种类型：一种是借助知名品牌的品牌效应实现具有差异化产品经营优势的产品定制，如永辉食百酒水商行就与法国拉古缘纳酒庄酒和泸州老窖联合开发了针对永辉超市特供的定制酒品；另一种是选择优质的供应商合作开发定制产品，如永辉与中粮集团和北大荒集团合作开发的定制产品田趣大米，与新希望六合建立战略合作关系进行 OEM 产品开发。2017 年永辉拥有亿级的品质定制的品牌包括悠自在、田趣和优颂，其单品和品牌在各类销售中排名靠前，并带动了毛利额的增加。

永辉超市以消费者需求为导向，在进行市场分析的基础上确定产品方案。寻找最佳原产地，与生鲜源头生产商、知名品牌供应商展开合作。与供应商共享经营数据信息，共同进行差异化的定制产品的定量开发。

自 2012 年以来永辉超市就开始进行了 ERP 系统、收银系统升级等多项企业信息化和信息升级的实践活动。同时永辉超市进行自建自营移动端 App 永辉生活、入驻微信小程序和第三方线上平台等多种线上渠道建设，广泛地升级了企业获取数据的途径。从 2014 年开始全面实施 O2O 整体战略，其中客户关系管理系统以及大数据平台建设是重要组成部分。而且永辉在构建客户关系管理系统的基础上确立了数据分析的路线，明确数据分析包含消费者洞察、预测、营销等几大主要的数据分析方向，为不同的分析方向建立了数据分析指标体系。另外将数据分析分为两个阶段，第一阶段是基于会员分析结果的精准营销，第二阶段则包括了需求预测、营运分析以及商品分析等几大方面。

3. 永辉的自有品牌模式

永辉重点发布的自有品牌包括优颂、田趣、馋大狮等，覆盖了家居用品、休闲食品、日配等品类，总 SKU 数量接近 300 个。目前，永辉优选的商品已陆续在永辉遍布全国的 1000 多家门店上线，线上也可通过"永辉生活 App"及微信小程序进行购买。永辉打造的永辉优选的自有品牌平台涵盖了中高端品牌的品牌矩阵，包括馋大狮、田趣、O'fresh、优颂、超级 U 选等，其中前期比较早开发的部分自有品牌现在的销售额已经高于同品类产品。并在对生鲜产品实施源头直采的基础上自建中央厨房进行生鲜加工，开发了名为"彩食鲜"生鲜自有品牌。

永辉的供应链核心合伙人林琴曾说永辉的自有品牌实施是以消费者需求为核心，且产品开发坚持源头、品质和品牌的特性，自主掌握定制产品的数量、价格和产品标准。持续强化自有品牌的品牌定位，提升自有品牌的知名度和消费者忠诚度，构建差异化的产品组合竞争优势和竞争壁垒。负责开发自有品牌的团队成员表示，在联合开发自有品牌模式下，需要进行市场分析，参与到产品开发、加工等生产流程中，根据品牌定位，共同确定开发的自有品牌商品，并形成自有品牌方案。

在开发自有品牌的过程中，选择代工的供应商和建设自身的生产加工能力成为重中之重。永辉坚持源头采购，因此永辉坚持到产品原产地进行考察、精选供应商的原则，选择合作开发自有品牌的供应商。永辉有一套完善的精确到产品成本、原料、包装等各个环节的供应商报价管理体系，即使是与供应商进行联合开发也能在保证产品的高性价比的同时拥有差异化竞争优势。

除了提供自有品牌产品的数量、品质的需求信息外，永辉还有着严格的品质控制体系，包含了对供应商管理、风险控制、客户投诉管理、次品管理、生产和流通管理的涵盖产品供应链全过程的品质控制，参与到生产商的产品生产环节，保证自有品牌商品的产品质量和安全。

此外，永辉还与食品供应商 CJ 集团联合开发"中央厨房"模式，进行鲜食的半成品加工，并向永辉旗下部分门店供应其"彩食鲜"的自有品牌的生鲜半成品。同时永辉参与到供应商的产品开发和测试环节、自有品牌开发团队的成员介绍中，在自有品牌产品开发过程中需要对开发的自有品牌商品进行消费者盲测，并根据市场反馈对商品进行改进，选择最优的、最能满足消费者需求的自有品牌商品。

永辉在对自有品牌的营销推广上，对不同定位的自有品牌实行差异化营销策略，并对目标客户群开展精准营销来构建品牌影响力。并在线上和线下分别制定销售策略，线上以永辉生活 App 为主对自有品牌商品实施集中销售，线下门店对自有品牌商品的销售实施奖惩策略。

（三）永辉实施供应链逆向整合拓展的功能及资源基础

1. 永辉的供应链"再中间化"角色重构

（1）整合需求功能。

永辉超市为增强自身整合订单需求的功能而进行分销能力建设。永辉分销能力建设的典型事例如表 7-2 所示，主要包括门店扩张、门店体验升级、线上销售渠道建设、线上线下融合、大客户渠道管理、营销活动和运营人才培养七个方面的努力。

表 7-2　永辉分销能力建设及功能实现的典型事例

典型事例	构念析出	资源基础	功能
永辉全国门店数量从 2012 年的 249 家迅速拓展到 2017 年的 806 家	门店扩张	分销能力	整合订单需求
加强线上线下融合，顾客可使用永辉生活 App、微信小程序、YHShop 自助收银机等方式在门店进行支付	体验升级	分销能力	整合订单需求
开展自营的线上永辉微店运营，开发并上线了永辉生活 App，并进驻到京东到家等第三方线上销售平台，此外电商移动端会员在 2015 年同比增长了 168%	线上渠道	分销能力	整合订单需求
永辉云创与微信展开合作开发永辉生活小程序，顾客可在店内自助扫码支付，推广非现金的移动支付方式	线上线下融合	分销能力	整合订单需求
设立专门的大宗商品业务部，负责大客户的团购活动	大客户管理	分销能力	整合订单需求
开展多线的营销活动，在强化日常营销活动的同时，实行以周为单位的循环营销活动，策划了主题营销活动。实行卖手制，实现了线下营销与线上数字营销活动双线驱动的营销集群	营销活动	分销能力	整合订单需求
建立了线上知识库，开设了从员工到店长的线上培训课程，在线上线下开设了合伙人任职培训等各类培训课程，为公司发掘、培育和输送人才	人才培养	分销能力	整合订单需求

近年来，永辉采取快速扩张门店数量和规模的策略来拓展市场规模，并获得规模效应。全国门店数量从 2012 年的 249 家迅速拓展到 2017 年的 806 家，门店

销售额也从 2012 年的 279.3 亿元增长到 2017 年的 654 亿元。而为了迎合消费者体验升级需求和提升门店形象的需要，永辉进一步加强线上线下融合，对门店进行升级。顾客可使用永辉生活 App、微信小程序、YHShop 自助收银机等方式在门店进行支付，节省排队时间，提升顾客购买体验。而为了进行线上销售渠道建设和实现线上线下融合，利用互联网人口红利优势，增强整合订单的能力，永辉超市开发线上自营的小程序永辉微店，上线永辉生活 App，并进驻到京东到家等第三方线上销售平台。此外，电商移动端会员在 2015 年同比增长了 168%，并积极探索线上下单+门店组配商品+限时达的线上线下融合模式。除此之外，永辉超市旗下的永辉云创还与微信展开合作，开发了永辉生活小程序，顾客可在店内进行自助扫码支付，推广非现金的移动支付方式，努力打通线下实体门店与线上虚拟购物的消费场景，尽可能地整合线上线下的消费数据和订单需求。在大客户渠道管理方面，永辉设立了专门的大宗商品业务部，负责大客户的团购活动。同时永辉开展了多线的营销活动，在强化日常营销活动的同时，实行以周为单位的循环营销活动，除此之外还策划了主题营销活动，实行卖手制，实现线下营销与线上数字营销活动双线驱动的营销集群。在吸引新客户和回馈活跃老用户的同时，拉动销售和利润增长。永辉建立了线上知识库，开设了从员工到店长的线上培训课程，在线上线下开设了合伙人任职培训等各类培训课程，为公司发掘、培育和输送人才。

（2）聚合供给功能。

为了增强自身聚合需求的功能，加强对供给端的管理，永辉超市开展了一系列增强采购能力的建设活动。永辉采购能力建设的典型事例如表 7-3 所示，主要包括自身采购团队建设、供应商合作和管理模式创新、采购商品流程管理、采购信息化建设以及构建采购规模化优势。

表 7-3　永辉采购能力建设及功能实现的典型事例

典型事例	构念析出	资源基础	功能
组建全国性的采购团队，并对采购人员组织相关的培训活动交流和学习商品采购相关知识，同时制定人才考核机制、采购业务流程规则等相关的人才管理措施	采购团队	采购能力	聚合供给

续表

典型事例	构念析出	资源基础	功能
对供应商进行分级管理，将具有批量优势并且容易保存的商品进行全国集中采购，对保存时间比较短的当地特色产品采用区域采购，将零散的产量小的供应商集中起来成立供销合作社	供应商管理	采购能力	聚合供给
永辉金融就为中粮经销公司提供融资服务	供应商合作	采购能力	聚合供给
制定严格的商品采购准入规则，建立采购竞价体系，商品结算制度和商品退换货等商品采购业务流程管理规则	采购流程管理	采购能力	聚合供给
建立供应商信息服务系统	采购信息化	采购能力	聚合供给
通过与中百集团、联华超市等同业零售商达成战略合作协议进而开展商品的联合采购	规模采购	采购能力	聚合供给

为了强化自身采购团队建设，永辉超市组建了全国性的采购团队，并对采购人员组织相关的培训活动交流和学习商品采购相关知识，同时制定人才考核机制、采购业务流程规则等相关的人才管理措施。

永辉超市对供应商合作和管理模式创新则包括以下两方面：一方面，永辉超市对供应商进行分级管理以获取最佳的采购资源和议价能力，将具有批量优势并且容易保存的商品进行全国集中采购，对保存时间比较短的当地特色产品采取区域采购的方式，将零散的产量小的供应商集中起来成立供销合作社，强化供给端的规模效应；另一方面，永辉超市还积极与大型品牌供应商建立战略合作关系，为供应商提供相应的服务，强化供应链中商品供给的稳定性，在与供应商建立采购关系的同时也为供应商提供其他供应链相关服务。如永辉金融为中粮经销公司提供融资服务；采购部门会通过订货会等形式向供应商提供关于消费者需求、产品特性等方面的市场反馈信息，帮助供应商了解市场需求变化和进行产品改进、指导供应商组织生产活动计划。同时永辉超市还开通了能使供应商便利了解市场需求信息，以及能够处理订单、进行商品采购结算的供应商服务系统。

永辉超市为了强化对商品采购流程的管理，制定了严格的商品采购准入规则。建立采购竞价体系，商品结算制度和商品退换货等商品采购业务流程管理规则，并对采购商品进行单品管理，制定考核机制来调整商品结构，淘汰末位商品，实现采购商品的供应链效益最大化。

永辉超市在采购信息化建设方面借助互联网技术实现采购、收货信息的同步，并建立供应商信息服务系统给供应商使用。

永辉超市为了实现采购的规模效应，取得对供应商的采购议价能力，降低商品采购价格和成本，提升供应链整体的规模效益，构建采购规模化优势。永辉超市从以下两方面入手：一方面是在企业内部通过构建强大的分销能力，从而获取聚合规模订单需求的能力，并坚持同类商品叠加采购和分类商品的全国或者区域性的集中采购模式；另一方面则是永辉超市通过整合企业外部资源，展开同业联合采购进一步深化规模采购效应。永辉超市通过与中百集团、联华超市等同业零售商达成战略合作协议进而开展商品的联合采购，实现采购资源共享，深化采购规模优势。

（3）物流连接供需功能。

永辉超市为了发挥连接供给和需求的功能，加快商品在供应链中的周转效率，提升供应链的整体运行效率和竞争力，进行物流体系建设。永辉物流能力建设及功能实现的典型事例如表7-4所示，包括物流仓配体系建设、物流配送过程管理、供应链信息共享和物流运营指标设立四个方面。

表7-4　永辉物流能力建设及功能实现的典型事例

典型事例	构念析出	资源基础	实现功能
截至2017年底，永辉物流中心布局全国17个省市，总面积达37万平方米，17个省市均覆盖常温配送中心	仓配体系	物流能力	物流连接供需
引入电子价签、远程监控设备对商品物流过程进行管控	配送过程	物流能力	物流连接供需
建立联结门店、供应商、物流的全国供应链支撑平台	信息共享	物流能力	物流连接供需
构建物流配送订单满足率、库存周转率、配送中心费用率等一系列运营指标	运营指标	物流能力	物流连接供需

在物流配送中心建设方面，永辉超市根据全国门店的布局进度，配套跟进物流仓配体系建设，并引用自动打包器、GPS定位等物流仓配基础设施，提升物流配送的效率。为了提高物流配送的标准化程度、安全性以及配送效率，永辉超市对物流配送流程实施管理，通过引入电子价签、远程监控等设备以及制定物流配

送规则来对商品配送过程进行管理和控制。而为了建立起供给端与需求端的直接联系，加快商品在供应链中的周转效率，配送订单满足率，提升供应链的整体运行效率，降低成本。永辉超市构建了联结门店、供应商、物流的全国供应链支撑平台，能将商品物流的过程信息通过互联网技术及时传递给供应链成员，有助于加强对存货水平的控制能力以及提高供应链效率。而为了降低供应链中的物流成本，提升供应链的盈利，永辉超市构建了物流配送订单满足率、库存周转率、配送中心费用率等一系列物流系统运营指标。

永辉超市积极开展对零售端的分销渠道建设，发挥整合订单需求的功能，加强对供给端的管理，发挥聚合供给的功能，并通过自身物流体系建设来建立起供给端与需求端的直接联系，加快商品在供应链中的周转效率，提升供应链的整体运行效率，降低供应链的运行成本，实现商品在供给端和零售端的自由集聚。

（4）数据获取和信息共享功能。

永辉超市为实现获取数据和信息共享功能，发挥信息交换中介的职能，而进行的信息能力建设的典型事例如表7-5所示，包含两个方面的内容：一方面是企业内部信息建设实现获取信息数据的能力，另一方面是通过建立信息共享机制来实现信息共享功能。

表7-5　永辉信息能力建设及功能实现的典型事例

典型事例	构念析出	资源基础	实现功能
进行信息系统规划、数据中心建设、电子商务平台建设、机房等信息基础设施建设；建立大数据平台；组建专门的信息部门；实现门店互联网终端化	信息建设	信息能力	数据获取
上线了集营运、物流、商品等各类数据于一体的ERP管理信息系统；建立供应商数据服务平台，实现供应链中各成员间的信息共享；构建与会员店、京东到家、永辉微店等战略伙伴间的统一数据交换平台	信息共享	信息能力	信息共享

永辉超市为了实现获取信息功能，进行了企业内部的信息化建设。开展信息基础平台（机房等）的建设，并配置POS机等各类信息收集和处理设备将公司财务、采购、物流等业务部门数据接入信息系统，并开展对信息系统规划、数据

中心、电子商务平台等信息系统的建设工作。与此同时，永辉还构建了专门的信息部门，专门进行企业信息建设和处理信息技术方面的问题，并实现门店互联网终端化，升级门店收银前台使之能够与线上进行销售同步。永辉超市为了实现在供应链中各业务流程间的信息共享，在实现企业数据信息化的基础上，对内上线了集营运、物流、商品等各类数据于一体的 ERP 管理信息系统，实现了企业内部各个业务流程间信息资源的共享。与此同时，永辉超市还制定了一系列的信息安全方针、信息共享等方面的制度规范用以保障信息共享的安全，帮助提升业务部门间信息传递的效率和提升信息决策的效率，以便更好地进行商品运营和管理，并构建与会员店、京东到家、永辉微店等战略伙伴间的统一数据交换平台。永辉超市对外建立了在全国统一应用的供应商数据服务平台，实现供应链中各成员间的信息共享，将企业的订单采购需求和物流信息与供应商进行共享，以此来提高供应链中的信息传递效率和决策、运营效率。通过实现信息化的基础上进行内外部信息共享平台建设，实现信息共享。增强供应链整体的信息共享效率和信息决策效率，进而提升供应链的竞争力。

2. 永辉以数据驱动的商品开发和销售

永辉超市的数据分析能力是在获取消费数据，将数据资源线上化的基础之上进行数据库建设。永辉以数据驱动的商品开发和销售的典型事例如表 7-6 所示。永辉超市自 2012 年以来就开始了 ERP 系统、收银系统升级等多项企业信息化和信息升级的实践活动，并开展自建自营移动端 App、上线第三方的线上平台，搭建微信小程序等多种线上渠道的建设活动，广泛地升级了企业获取数据的途径。在此基础上进行大数据平台建设，并明确数据分析包含了消费者洞察、需求预测、营销等几大主要的数据分析方向。

表 7-6　永辉以数据驱动的商品开发和销售的典型事例

典型事例	构念析出	资源基础	实现功能
建设大数据平台，并明确了数据分析方向包含的消费者需求洞察、需求预测、营销等几大主要方向	数据分析	数据分析能力	数据分析
永辉超市通过旗下子公司收购了在商品开发等零售管理方面具有专业能力和经验的零售商服务企业达曼国际	商品开发	商品开发能力	商品开发

续表

典型事例	构念析出	资源基础	实现功能
永辉超市依托会员管理系统的消费者数据对消费者从人口基本信息特征、客单价等多维度进行分析，生成消费者画像，并进行个性化营销	个性化营销	商品销售能力	精准营销

（1）以消费数据驱动的商品开发。永辉超市借助对消费数据分析的结果，能对消费者需求进行分类，并定义各类消费需求，根据消费数据分析结果，采用定制或者合作开发的形式来实现满足该消费需求的产品，而为了获取产品开发相关的专业能力，永辉超市通过旗下子公司收购了在品牌开发等零售管理方面具有专业能力和经验的零售商服务企业达曼国际。

（2）以消费数据驱动的商品营销。永辉超市依托会员管理系统获取的消费者数据对消费者进行人口基本信息特征、客单价等多维度的分析，生成消费者画像，并对消费者的消费习惯进行分类，在此基础上对消费者进行定制化的精准营销，通过差异化的具有个人定制化特点的精准营销策略提升消费者对营销活动的反馈率，降低营销活动费用率，并提升消费者的购物体验和活跃度。

3. 永辉的品牌化运营

永辉的品牌化运营表现为开发和运营自有品牌。在与知名品牌联合定制或者与优质供应商合作开发独家经销的定制产品的基础上，拥有对该产品的品牌所有权，并负责该品牌商品的品牌建设，永辉的品牌化运营能力建设及功能实现的典型事例如表7-7所示。

表7-7　永辉品牌化运营能力建设及功能实现的典型事例

典型事例	构念析出	实现资源基础	实现功能
对自有品牌商品的营销活动采取渠道精准投放，将自有品牌商品推荐实行精准营销，并根据品质和定价的不同，对不同商品采用差异化营销方式	品牌营销	品牌运营能力	品牌运营
建立了严格的品质控制体系	品牌品质	品牌运营能力	品牌运营
对开发的自有品牌商品进行消费者盲测	品牌市场	品牌运营能力	品牌运营

近年来，永辉开发了悠自在、优颂、田趣、馋大师等自有品牌。为了使自己的自有品牌能快速建立品牌知名度从而获取品牌效应，对自有品牌商品的营销活动采用各渠道精准投放，对自有品牌商品实行精准营销，并根据品质和定价的不同，对不同商品采用差异化的营销方式。同时永辉还建立了严格的品质控制体系，包含了对供应商管理、风险控制、客户投诉管理、次品管理、生产和流通管理的涵盖产品供应链全过程的品质控制。另外，永辉对开发的自有品牌商品进行消费者盲测，并根据市场反馈对商品进行改进，选择最优的最能满足消费者需求的自有品牌商品。通过自有品牌的品牌运营，构建差异化商品的竞争优势。

（四）永辉供应链逆向整合模式实施与渠道功能实现

永辉源头直采模式的实施实现了对供应链资源的整合，包括了采购能力、分销能力、物流能力和信息能力。形成了再中间化角色重构方向的资源整合基础，因而实施源头直采模式拓展了其自身整合需求、聚合供给、物流连接供需、数据获取和信息共享的供应链功能。

永辉品质定制模式的实施实现的对供应链资源的整合除了源头直采模式下整合的采购能力、分销能力、物流能力和信息能力，还包括数据分析能力、商品开发能力、商品销售能力。这不仅形成了再中间化角色重构的资源整合基础，同时也形成了以数据为驱动的产品开发和产品营销的资源整合基础。永辉品质定制模式其拓展的功能除了包括源头直采模式下具有的整合需求、聚合供给、物流连接供需、数据获取和信息共享的功能之外，还拓展了数据分析、商品开发和精准营销的供应链功能。

永辉自有品牌模式的实施实现了对供应链资源的整合，除了品质定制模式下整合的采购能力、分销能力、物流能力、信息能力、数据分析能力、商品开发能力和商品销售能力，还整合了品牌运营能力。这不仅形成了再中间化角色重构和以数据为驱动的产品开发和产品营销的资源整合基础，还形成了品牌化运营的资源整合基础。永辉自有品牌模式拓展的功能除了包括品质定制模式下具有的整合需求、聚合供给、物流连接供需、数据获取和信息共享、数据分析、商品开发和精准营销的功能，还拓展了品牌运营功能。

互联网环境下实体零售商业模式重塑

根据永辉的供应链逆向整合实践模式和实现功能的资源基础分析可知，随着实施供应链逆向整合模式的资源越多，所实现的功能也就越多，供应链逆向整合程度也就越高。而源头直采模式所实现的再中间化方向上的供应链逆向整合所拓展的功能属于供应链逆向整合的基础阶段的功能，对供应链的整合也只是简单的供应链流程的简化。而随着定制模式的实施，又进一步整合了企业的数据分析能力、商品开发和营销能力，供应链功能也拓展到供应链中的产品开发阶段，对供应链的整合程度进一步增强。而到了自有品牌模式阶段，则更进一步地获取了品牌运营能力，开始涉及品牌运营活动的所有供应链环节，功能也拓展到品牌运营功能，零售商进一步获得差异化的竞争优势，并强化对供应链中各环节的影响力，对供应链的整合程度达到最强。零售商基于以上分析构建供应链逆向整合模式选择与渠道功能实现的关系模型如图7-2所示。

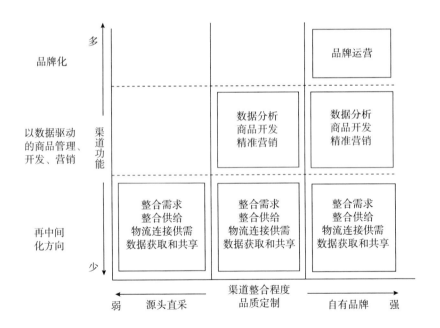

图7-2 供应链逆向整合模式选择与渠道功能实现的关系模型

综上所述，从源头直采模式到定制模式再到自有品牌模式的实现过程中，随着供应链整合程度的逐步强化，零售商整合的供应链的资源基础也更丰富，渠道功能也随之拓展。因此零售企业想要通过供应链来整合关键资源从而拓展渠道功能，可以采用源头直采模式—品质定制模式—自有品牌模式的供应链整合路径。

（五）案例研究总结

通过对案例企业的分析发现，从三种模式实现的资源基础来看，由源头直采模式—定制模式—自有品牌模式的实施具有递进关系。随着三种模式的实施，供应链的整合程度逐步强化，其渠道功能也得到相应的拓展。在源头直采模式下，供应链的整合程度较弱，零售商对供应链的纵向约束力比较弱；整合的资源和实现的功能拓展最为基础，只整合了再中间化角色重构方向上的整合需求、聚合供给、物流连接供需、数据获取和信息共享的供应链功能拓展的资源基础。

而零售商在定制模式下比源头直采模式对供应链的整合程度要强，形成的对供应链的纵向约束力也更强；零售商在定制模式下比源头直采模式又进一步地整合了以数据驱动的产品开发和销售方向上的实现产品开发和产品营销的功能拓展的资源基础。

而自有品牌模式又比定制模式对供应链的整合程度更强，形成的对供应链的纵向约束力也要更强；零售商在自有品牌模式下相比定制模式更进一步地整合了实施品牌化方向上的品牌运营功能的资源基础，即品牌运营能力。

二、互联网环境下实体零售企业的经营策略变革案例

（一）案例研究背景

近年来，随着互联网技术的快速发展，以及我国居民生活水平的提高和购买习惯的转变，对我国众多传统的实体零售企业提出了诸多挑战。许多实体零售企业的利润低下，业绩下滑，但成本却越来越高。特别是进入 2010 年之后，随着网络零售逐渐被大众消费者接受，网络零售的商品种类日益增多，各种新兴的电商平台大量出现，给各种实体零售业态都带来了显著的冲击。根据商联网

（2016）的统计数据，我国主要零售企业关闭 263 家实体店，创历史之最，传统零售业正在出现一场非常严峻的闭店潮。与此同时，各类实体零售业态的经营业绩也在持续下滑，根据国家统计局的数据，2019 年，我国连锁零售业态（便利店、超市、百货店、专业店、专卖店）的总体商品零售额下滑 1.41%，而 2020年在新冠肺炎疫情的影响下，总体商品零售额又进一步下滑 9.09%。

在此背景下，一些传统的实体零售企业的经营面临很大的困难，例如物美商业从香港退市，云南本土的天顺超市关闭所有门店等；与此同时，也有一些实体零售企业，在新的市场环境下，不断调整自身经营战略和商业模式，实现了快速增长，例如，以物美超市、永辉超市、大润发为代表的优秀超市龙头凭借自身的品牌效应和在管理上的高效率独树一帜。

（二）案例研究框架

我们可以看到，互联网环境为实体零售企业带来显著冲击的同时也带来诸多发展机遇。目前，我国众多的实体零售企业为了能够更好地适应互联网环境的发展，为顾客带来更好的购物体验和更高的顾客价值，正在从经营策略、供应链逆向整合、多渠道协同等多个方面对自身的商业模式进行调整。基于此，本书在前人研究的基础上，结合实体零售企业自身经营和顾客体验的特点，提出互联网环境下基于顾客价值的实体零售商业模式创新的基本框架，具体如图 7-3 所示。

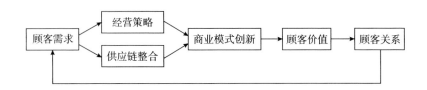

图 7-3　互联网环境下基于顾客价值的实体零售企业商业模式创新框架

1. 基于顾客需求的实体零售企业商业模式创新

随着经济、文化和技术的不断发展，消费者的需求正变得日益多样化，相应地，实体零售企业的经营策略也需要不断进行调整。当前，消费者的购物需求从最初的只需满足功能效用到如今既要满足功能效用，还要满足服务效用和情感效用等，顾客需求是随着外部环境的变化在不断地调整。而互联网环境下，顾客需求的多样化和个性化得到了进一步的放大。因此，零售企业需要在激烈的市场竞争中不断调整自己的产品、价格、服务、环境等经营策略来满足消费者的需求变化。与此同时，为了能够有效保障经营策略的调整和实施，零售企业还需要协同整个供应链关系，通过供应链的逆向整合，提升零售企业对供应链的控制能力，进而提高商品采购品质，降低商品采购成本。

对于直接服务于终端消费者的实体零售企业而言，准确识别和有效满足目标顾客的需求对于零售企业商业模式设计和经营绩效实现都具有非常重要的意义。因此，面对着激烈的市场竞争，如何能够更加有效地为目标顾客提供更好的购物体验和更高的购物价值，已经成为零售企业商业模式设计的核心内容。而为顾客塑造和传递购物体验和购物价值的产品、价格、服务和环境的经营策略，以及支撑这些经营策略的供应链整合，也就构成了互联网环境下实体零售企业商业模式创新的主体内容。

2. 实体零售企业的商业模式创新与顾客价值

互联网环境下，零售企业通过各种经营策略的调整和供应链整合创新自身商业模式，为消费者创造了更高的感知价值，带来消费者满意的同时也拉近了消费者与企业的情感距离，提升了顾客关系。此外，基于互联网的新媒体技术，进一步加强了顾客与零售企业的有效沟通，也导致零售企业与顾客之间的关系更加紧密。因此，零售企业运营模式的创新，会显著提升顾客价值，同时顾客价值是衡量顾客对零售企业所提供的产品或服务满意程度的比较和评价。对于零售企业来说，顾客感知到的价值越高，对顾客关系的维护更具有正向影响作用。

与此同时，良好的顾客关系也会帮助零售企业更好地识别和满足顾客需求。零售企业通过关系营销建立与维持和顾客之间良好的关系，以获取稳定的顾客资源。零售企业与顾客维系的关系越好，顾客满意度越高，更容易形成持久的顾客忠诚，而忠诚顾客则更愿意通过参与、分享和互动等多种方式，实现与零售企业的价值共创，帮助零售企业更好地识别和满足顾客需求。

（三）案例研究设计

1. 案例企业的选取

根据本书所针对的互联网环境下的实体零售企业的商业模式，因此本书在案例企业的选取过程中，依据两个标准来选择案例企业，首先，案例企业属于代表性的实体零售企业，具有较大的实体零售规模；其次，案例企业在互联网环境下采取了商业模式创新，并取得了较好的创新绩效和成功经验。根据这两个标准，本书最终选取了苏宁易购、国美和物美三家零售企业作为案例企业。

苏宁易购以家电卖场起家，发展至今已经成为中国零售产业的领跑者，在中国连锁经营协会发布的《2020 年中国连锁百强榜单》中排名第一位，经营领域涉及苏宁广场、家乐福社区中心、苏宁百货、苏宁小店等多种实体零售业态，在互联网环境下，苏宁易购不断寻求商业模式的探索转变，一方面对实体门店进行互联网改造，打造"一大两小多专"各类创新互联网门店 13000 多家，另一方面不断扩展线上销售平台，通过自营、开放和跨平台运营，跻身中国 B2C 行业前列。

国美曾经是中国最大的家电连锁零售企业，线下的门店总数达到了 1600 多家，在中国连锁经营协会发布的《2020 年中国连锁百强榜单》中排名第二位，仅次于苏宁易购。近年来，国美电器一直不断探索线上线下协同发展的创新商业模式，从最初的国美在线，到 2021 年推出的"真快乐"App，独创了贯穿线上线下的"视频导购"的运营模式，以共享、交互、科技感为主线进行打造，并在国美电器及平台各公司均可实现全场景的复用。

物美超市是北京成立的第一家正规超市企业。近年来，物美的实体零售业务快速发展，先后兼并收购了北京美廉美、英国百安居的中国业务、韩国乐天华北区门店、德国麦德龙的中国业务，在中国连锁经营协会发布的《2020 年中国连锁百强榜单》中排名第十位。而在互联网环境下，物美也在不断寻求商业模式的突破，并重点推出了"多点"App，努力打造成为一站式全渠道数字零售解决方案服务商，帮助零售商和品牌商数字化转型，实现线上线下一体化。

2. 案例资料的收集

本书通过多种渠道来收集有关苏宁易购、国美和物美三家案例企业的商业模式创新的相关案例资料，主要包括二手资料、非正式交流和亲身购买体验。

首先，通过各个零售企业的官网资料、公司年报、报纸和网上新闻以及管理者公开讲话、书籍和文献等二手资料收集案例企业的发展背景和发展思路。其次，研究人员与苏宁易购、国美和物美超市的门店员工和到店顾客进行沟通交流，获取案例企业的内部管理、经营策略和顾客评价等相关信息。最后，研究人员还通过亲身实践的方式，对案例企业的线上线下的购物渠道进行体验。

（四）案例分析

1. 互联网环境下的苏宁易购转型

1990 年，第一家苏宁空调专营店在江苏南京创办。如今，苏宁电器有旗舰店、社区店、专业店、专门店四种类别，形态有 18 种，其中苏宁旗舰店处于第六代的阶段。从开发方式上来看，苏宁电器的发展态势快速稳健，经营模式是"租、建、购、并"融合为一体且同步开发，每年新开的连锁店就有 200 家，与此同时，将店面标准化当作前提，持续扩展开发自建旗舰店，采用订单委托开发与自建开发等策略，全国范围内进一步订单委托开发自建旗舰店。

互联网环境下，顾客的需求已经从多样化向个性化转变，要想满足顾客的需求，零售企业需要不断地进行革新。2011 年之后，苏宁进一步实施新十年"科技转型、智慧服务"的发展战略，逐步深化云服务模式，并且探索出新型业务形态：全品类经营、线上线下多渠道融合、开放平台服务。2013 年苏宁揭开了线上线下相结合的模式，苏宁从专做电器改为经营百货到多产业协同发展，从"+互联网"到"互联网+"再到线上线下无缝融合的智慧零售模式布局，深刻诠释了价值创造的实现。2019 年，苏宁 818 发烧购物节交易战报喜人，家电 3C 产品仅用 1 分 28 秒成交额破 10 亿元。

苏宁易购 App、苏宁广场、苏宁小店已成为苏宁最重要的场景互联网门户。苏宁一直致力于从线上到线下、从城市到乡镇的全覆盖，多角度、全方位为顾客服务，以满足顾客多样化的需求。苏宁为顾客提供多样化的顾客体验。3C+旗舰店提供了舒适的购物环境和开放式的顾客体验，其销售模式和流程的不断优化，为顾客提供便捷的购物感受。苏宁有超强的供应链管理水平和强大的系统支持，可实现自动补货，为顾客的购物带来极大的便捷，同时，舒适的购物体验也能够促使顾客不断地产生新的购买欲望。

2. 互联网环境下的国美转型

1987年成立的国美电器，开创了中国家电连锁卖场模式。1992年底，国美电器步入正轨，全国已经遍布170多家国美电器。正在这时，很多电器销售门店都在哄抬价格，争取更高的价格以获取更多的利润，但国美电器选择了尽可能地压低价格，争取更多的顾客。当年，正是以这种满足顾客需求，吸引顾客前来消费的形式，使大街小巷里的很多小家电门店不得不闭店关门。

以顾客需求为中心，是国美在创业早期就已经意识到的问题，在后来的发展中，国美也是时刻遵循这一基本原则。国美壮大发展的优势是以价值链体系要做强做大为核心。国美内部价值链的价值传递过程由传统的"采购→销售"演变为"研发设计+采购→物流→销售→服务"。演变造成了在内部价值链的构成中研发设计环节占比逐步增多，然而，国美需要实现个性化服务与客户的高度互动参与的某种转型。在产品提供方面，国美的产品从单一的家电扩展到美妆、母婴、厨卫产品等，从广度上来满足不同顾客的需求。从服务方面来看，国美的服务带来的附加价值已经越来越凸显，成为其一大特色。截至2019年底，通过国美管家服务平台为5000个家庭提供商品全生命周期服务，服务的到家属性也在日渐强化。

互联网环境下，为满足顾客日益变化的需求，2014年国美提出了"开放式全渠道零售商战略"，对门店、电商平台、物流、业务范围、售后服务等方面进行大整改，进一步对线上和线下进行整合。2016年，国美首次提出了B2C+实体店的运营模式，建立了首个双平台协同运作的盈利模式。运营模式的不断优化使国美得以价值链为支撑，将线上和线下渠道模式进行融合，打造全渠道营销模式。在满足线上和线下渠道购物的同时，使顾客在实体零售店、线上门店随意穿行，并做到随时消费，以此满足顾客的多样化需求，提高顾客价值。国美给顾客带来的价值越高，顾客越满意，忠诚度越高，其与顾客的关系越稳定。国美通过推出售后服务、办理会员卡、举办会员积分活动等多种形式来维系顾客关系，长期的顾客关系是国美得以发展的一大稳定因素。随着外部环境的不断变化，顾客需求也在不断地发生着变化，国美的商业模式随着顾客需求不断地进行动态调整。

近年来，国美集团积极探索新零售转型发展，首先，国美重新定义零售，提出了"用户为王、产品为王、平台为王、服务为王、分享为王、体验为王及线上线下融合"的非常"6+1"新零售战略。其次，国美围绕"家·生活"，充分运用互联网基础，实现线下经营的赋能，线上形成具有影响力的产品、数据、物流能力，线下实现运营能力的专业化、及时性，渴望实现线上和线下的融合共赢发展。

2020年，国美宣布成立国美线上平台公司，在此基础上，国美App于2021年初宣布更名"真快乐"，并且独创了贯穿线上线下的"视频导购"功能，将客服角色可视化，与消费者面对面进行真人实景的互动，参与到消费者"售前—售中—售后—复购"全流程服务。视频导购作为一种全新的运营模式，以共享、交互、科技感为主线进行打造，并在国美电器及平台各公司均可实现全场景的使用。

3. 互联网环境下的物美转型

1994年，第一家物美超市开业，也是北京市的第一家正规超市。第一家超市开业后，顾客怀着好奇心走进去购物，发现在超市购物不仅不用看售货员的脸色，超市的东西还很实惠。在北京地区，"超市"这种零售业的销售形式得到了迅速的发展。

自物美超市成立之日起，便始终坚持以顾客需求为中心的经营理念。2008年因为要举办奥运会，北京市开始对城市的市容市貌进行整顿，大街小巷的贩卖蔬菜的摊位被裁撤，物美超市正是抓住了这一机遇，与山东寿光蔬菜基地签订了一系列的协议，保证超市蔬菜、水果的供应，在满足顾客需求的同时，也为企业带来了更多的销售额和利润。物美通过与国有企业合作后快速发展，到2001年已发展店铺近200家。1997~2001年物美系统实现销售额分别是3亿元、5.6亿元、8.9亿元、12.8亿元和25亿元，销售额稳步上升，为国家上缴税收累计达

5000 万元（梦君，2002）。

2001 年，物美成立自有品牌研发部，成为国内率先开展自有品牌研发和销售的零售商之一。2005 年，物美与美廉美采取"合作"的方式进行重组，打破了以往"不是我吃了你，就是你吞掉了我"的局面，尽管物美收购了美廉美的大部分股份，但对其经营方式、人员雇佣等方面基本维持原状。双方在经营模式上的互相尊重和包容使零售企业达到双赢。

随后，物美超市通过一系列的资本运作，先后兼并收购了宁夏新华百货、浙江供销超市、英国百安居的中国业务、韩国乐天华北区门店、重庆商社、德国麦德龙的中国业务。而被收购的零售企业仍然保持原有的品牌和定位，面对不同的客户人群，满足不同客户的购物需求。

在互联网环境下，物美也在不断寻求商业模式的突破，并重点推出了"多点"App，努力打造成为一站式全渠道数字零售解决方案服务商，帮助零售商和品牌商数字化转型，实现线上线下一体化。消费者利用多点 App，不仅可以实现线上购物和结算功能，与此同时还可以利用多点 App 在线下实现领取优惠和购物结算功能。

在新冠肺炎疫情防控期间，线上消费需求的猛增，使众多的零售企业开始考虑转型。物美的自有品牌——物美心选的优势凸显出来，"唯本生活""兰茉可"等品牌在新冠肺炎疫情防控期间，不仅做到了可以让顾客买到产品，还让顾客体验到了便宜的品牌营销，使品牌在顾客心中根深蒂固。这种超预期的顾客体验使顾客在购买到心仪产品的同时，能够增强顾客价值。目前，物美通过"线上：微博、小红书、朋友圈、视频号等平台圈粉互动"与"线下：门店体验区+线下公交站牌广告"的形式，让更多的顾客参与其中，拉近与顾客的距离，以多样化的形式满足顾客消费升级的新需求。

（五）案例研究总结

通过对苏宁易购、国美和物美的案例分析发现，互联网技术的应用促进了实体零售企业的发展，实体零售企业如何调整自身的商业模式，探索出有效的发展路径是很多零售企业的管理者所重点关注的话题。

1. 充分利用互联网技术，提高顾客体验

（1）优化商品组合，提高顾客购物体验。

近年来，随着中国经济的不断发展，实体零售行业出现较高的活跃性，加之各种科学技术以及互联网终端技术的发展以及在实体零售行业中的应用，使产品种类呈指数级增长、同质化现象更是不断加剧，消耗了消费者在购买决策时的消费信心和耐心从而影响其最终的购买决策。因此，作为企业，需要努力做到既能使消费者的多样化需求得到最大满足又能减少在购物和决策过程中的消费者困惑。

第一，明确外部信息宣传，必要时配备专业人员。在现实的购物场景中，消费者很多情况下均是通过产品外部宣传来了解产品，却无法轻易辨别商家宣传的真实程度，这一方面是因为许多企业的营销策略聚焦不明，导致消费者对商家的外部信息宣传的内容产生模糊性认识；另一方面是因为企业为了营造产品效果，利用双关词语或者夸张性图片、文字说明来误导消费者，导致消费者无法对产品作出清晰明确的判断，这不仅会降低消费者的购买意愿，还会在购买行为过后产生挫败、失望的情感。

此外，随着科学技术的发展，各专业领域的新名词不断出现，而基于消费者的认知水平，可能无法准确理解该类词汇的内涵和所能体现的产品价值，特别是手机、笔记本等电子类产品，当该类词汇出现的频率过高时，会使消费者逐渐丧失信心，并产生紧张不安、逃避购买决策等心理状态，从而影响消费者的购物体验和购物价值。因此，企业在进行产品的外部宣传时，首先要做到目的明确，抓住消费者的购买心理，在此基础上，措辞合理，做到外部宣传与产品描述尽量一致。当人员进行产品说明时，更需要口语化、直白化，减少专业性用语的使用频率，尽量帮助消费者将专业用语翻译成易于理解的描述，使得消费者对产品功能属性有最直截了当的认知，降低消费者的模糊困惑，从而提高消费者的购物体验和购物价值，最终转化为购买意愿以及正面口碑传播。

第二，优化经营的产品线。零售企业拓宽产品线固然可以涉足更多的领域，服务于更大的消费市场与更多的消费者，但是，当经营的产品线达到一定的极限时，消费者不仅无法从中获得满意的购物体验与购物价值，反而会因为不同产品线的区分度过低而难以区分，也很难找到适合自身需求的产品，从而产生无助、困惑等内心感受。因此，企业应当适当地优化自身经营的产品线，并使不同产品线在其所体现的产品性格、性别、年龄等方面具有较强的区分度，以这种明显的区分度来降低消费困惑，这样消费者可以依据自身特点很容易找到适合自己特质的产品，从而满足自身的消费需求，实现购物价值。

（2）提升顾客服务，增强客户服务体验。

顾客体验的感受与购物过程的服务享受直接相关。顾客在看重商品本身价格、品质时，更加注重购物时的愉悦感，而实体零售店可以利用自身能够面对面服务顾客的优势，通过真诚的沟通为顾客提供贴心而又不过分热情的服务，使顾客充分满足逛街体验的同时心情也变得愉悦。具体来说：第一，实体零售店还可以通过试用、试穿、试戴等服务，使顾客直观感受商品，提升购物体验。第二，实体零售店用真情服务顾客，使顾客的购物成为一次美好的回忆，为顾客再次购物创造条件。第三，设计顾客参与的环节，注重顾客心理需求的分析，开发出与目标顾客心理期望相一致的产品来获得顾客满意。

（3）加强顾客沟通，提高顾客信息体验。

在"互联网+"时代，实体零售企业要充分利用互联网手段了解顾客诉求，为有针对性地采取提高顾客体验的措施提供依据。实体零售企业可以通过微博、贴吧、微信等社交载体与顾客进行互动，了解顾客真实需求，同时也让顾客了解企业理念与文化。零售企业在与顾客的沟通过程中，还可以不断地挖掘顾客信息，发现多样化需求，为顾客提供精准化的定制服务，推动C2B模式，更好地为顾客服务，进一步提高顾客的体验与顾客黏性。

2. 利用互联网技术优化实体零售企业的经营模式

（1）提高体验式营销品质。

现如今的顾客在购物时不仅关注商品的品质和价格，同时也期待在购物时获得良好的消费体验和服务。因此，对于传统的零售企业在进行线上线下销售渠道整合过程中也应该提升顾客的购物体验，这不仅有利于提升企业的品牌形象，也更有利于企业未来的发展。

（2）加强网络信息化管理。

互联网环境下，零售企业加强网络信息化管理可以从以下几方面进行展开：

第一，利用大数据进行数据分析，来洞察和挖掘顾客需求，同时，利用大数据将顾客需求信息与企业内各部门及供货商分享，提高管理链和供应链的运作效率。第二，利用互联网与顾客多角度进行沟通。零售企业可以利用线上和线下销售的方式，通过线下门店多与顾客进行接触和沟通，同时，企业还可以借助互联网技术加大营销宣传力度。第三，构建高效的物流配送体系。利用互联网技术完善物流配送体系，加快物流的信息化工作，提高渠道效率。

3. 基于顾客价值进行实体零售企业供应链整合

（1）遵循以顾客价值为核心的商业模式创新发展路径。

顾客价值创造作为商业模式发展的核心，在商业模式创新路径研究中起到至关重要的作用。顾客是零售企业一切营销活动的出发点，因此顾客价值的创造更应该成为零售企业发展的关注重点。企业要想在同行业中具有竞争优势，光靠产品或服务质量是远远不够的，商业模式创新发展路径成为提高零售企业竞争力的有效途径。商业模式是一个企业发展的起点，如果企业不在宏观上对整体进行把握，技术再好、产品或服务再好、品牌再好也只是九牛一毛。企业要想更快地发展，不仅要以顾客为中心，更要遵循以顾客价值为核心的商业模式创新发展路径。只有以顾客价值为出发点，才能在商业模式上有所创新，给顾客带来更多的满意度。

（2）满足顾客多样化需求，实施差异化营销。

随着市场经济的迅速发展和人们生活水平的不断提高，顾客需求也越来越多样化，差异化程度显著。面对需求多样化的顾客，要根据顾客的特性进行差异化营销，通过不同类型的产品定位，让顾客认可产品所带来的价值。企业越能提供性价比高的产品，越能吸引顾客前来购买，从而得到顾客的情感认知。一是企业可以增加顾客的购物体验，通过提供便捷式的服务、性价比高的产品等方式增强购物体验度；二是企业可以通过树立企业形象、增强顾客信任等方式，提高顾客对产品或服务的情感归属；三是企业也可以通过建立顾客意见交流平台，为其提供倾诉建议的场所，不仅有利于企业开展口碑式营销，更为丰富产品信息、增强顾客产品标识认知度打下坚实的基础，从而满足顾客的差异化需求。基于顾客价值的差异化营销，不仅是商业模式创新路径发展的基础，还是企业满足顾客需求多样化的必要方式。

（3）运用互联网技术，实施精细化管理。

移动互联网时代，零售企业的销售模式、支付方式等都发生了巨大的变化，互联网的出现可以实现采购、结算等无纸化，也可以为零售企业的发展提供借鉴。零售企业必须积极地去适应互联网发展环境，树立正确的科学管理理念，实行科学化布局。企业可以利用互联网建立全方位的网购安全系统，设计合理的购物流程、安全的支付系统，采用数据加密技术，保障顾客个人信息和交易信息的安全性，不仅可以节约成本，还可以提高交易的便捷性。另外，将精细化管理应用到商业模式创新路径的发展中，可以节约时间和成本，提高效率，助力零售企业在更短的时间里获得更多的利润。

（4）整合资源，实行线上线下一体化发展。

互联网技术的迅速发展给实体零售企业带来的不应该是冲击，而应该是协同发展，尤其是对于实体零售来说，更应该抓住互联网技术所带来的机遇。在互联网技术环境下，将传统实体零售与其进行结合，进行企业商业模式的创新。在以顾客价值论为中心的商业模式中，零售企业需要抓住每一个与顾客的接触点，充分发挥线上和线下的资源优势，增强顾客黏性。在营销决策的每一个环节，尽可能多地为顾客提供多样化的渠道，并力求为顾客提供多样化的购物体验。作为实体零售企业，更应该在整合资源的情况下，创新企业的商业模式，以顾客价值为核心，创新商业模式发展路径，形成全方位的营销力量。

第八章　互联网环境下实体零售企业商业模式的重塑

基于互联网环境下的实体零售企业的商业模式的理论总结、实证分析和案例总结，我们可以看到，网络技术和网络零售的出现，为传统的实体零售企业带来显著冲击的同时也带来了市场机遇。在此背景下，实体零售企业必须要对自身的商业模式进行调整。与此同时，在日益激烈的市场环境下，顾客价值已经成为企业商业模式设计的核心内容。而为了有效塑造和传递顾客价值，实体零售企业的商业模式变革往往涉及发展战略调整、经营策略调整、供应链逆向整合和顾客价值共创等几个方面。

因此，基于以上的相关总结和分析，本书进一步总结互联网环境下我国实体零售商业模式重塑的基本思路，并提出我国实体零售企业商业模式重塑的战略和策略选择。

一、互联网环境下的实体零售企业的总体发展战略

（一）推进实施实体零售企业的"互联网+"战略

1. 提升实体零售企业的信息化能力

互联网环境下，零售企业的消费者信息获取和沟通能力得到了极大的提升，

因此实体零售企业的"互联网+"很大程度上就体现在企业的信息化管理能力的提升上，并具体体现在以下几个方面：首先，利用大数据进行数据分析，来洞察和挖掘顾客需求，同时，利用大数据将顾客需求信息与企业内各部门及供货商分享，提高管理链和供应链的运作效率。其次，利用互联网与顾客多角度进行沟通。零售企业可以利用线上和线下销售的方式，通过线下门店多与顾客进行接触和沟通，同时，企业可以借助互联网技术加大营销宣传力度。最后，利用信息化技术构建高效的物流配送体系。利用互联网技术完善物流配送体系，加快物流的信息化工作，提高渠道效率。

2. 运用互联网技术实现精细化管理

移动互联网时代，零售企业的销售模式、支付方式等都发生了巨大的变化，互联网的出现既可以实现采购、结算等无纸化，也可以为零售企业的发展提供借鉴。零售企业必须积极地去适应互联网发展环境，树立正确的科学管理理念，实行科学化布局。企业可以利用互联网建立全方位的网购安全系统，设计合理的购物流程、安全的支付系统，采用数据加密技术，保障顾客个人信息和交易信息的安全性，不仅可以节约成本，还可以提高交易的便捷性。将精细化管理应用到商业模式创新路径的发展中，可以节约时间和成本，提高效率，助力零售企业在更短的时间里获得更多的利润。

（二）推动线上与线下的协同发展战略

随着互联网技术的不断发展，线下的实体零售与线上的网络零售必然不断融合，相互协同，目的就是能够为消费者创造更加便利和流畅的购物体验。而为了要实现实体零售与网络零售的协同发展的目的，实体零售企业必须从战略高度对整个零售业的未来发展进行思考。

1. 依据企业战略定位选择适合的协同发展方案

要想实现企业线上零售与实体店铺的协同发展，实体零售企业必须要结合自身条件、市场竞争环境和消费者需求等各方面的因素进行综合考量，选择与自身资源和目标市场相匹配的线上线下协同发展模式。通常情况下，在线上和线下的协同发展过程中，零售企业往往会遭遇协同的冲突，比如价格不一致、商品组合重复等问题，使网络零售业务对线下实体店铺的业务产生一定的影响。针对可能出现的线上与线下的冲突，零售企业可以通过差异化的经营来满足不同消费者的需求，也就是说，为了满足不同消费者的需求，可以针对不同的目标市场而选择不同的商品组合。受O2O理念的影响，许多中小零售企业选择在已有社区店铺等场所为现有地区的消费者提供线下服务，而针对社区以外的消费者则采用线上零售的方式，通过网上交易、线下快递配送的形式，满足远距离消费者的需求。

2. 打造线上线下协同的平台工具

依托现代的互联网技术，不仅能够帮助实体零售企业改进门店运营效率和顾客体验，更重要的是打造线上和线下协同发展的平台，而在当前移动购物的时代下，移动应用App往往是众多零售企业实现线上线下协同的主要工具。

首先，线下门店以消费者为主体，改变付款方式，缩短排队时间，提高顾客消费体验，利用扫码付款的方式，对顾客购物需求进行大数据分析。在购物之前，如果顾客选择自提商品的消费模式，则需要领取一辆带有智能扫描设备的实体购物车，随后，在App上"领取"一个虚拟的"购物车"，在购物时，输入实体购物车的编号就可以实现虚拟购物车和实体购物车的信息共享。如果顾客选择送货上门，则只需在App上"领取"一个虚拟的"购物车"，在购物时，顾客选择所购买的商品后，用App扫描商品条形码进行消磁，手机终端就会同步这些信息；购物完成后，消费者在手机App上确认商品信息进而完成支付，实体购物车就会得到"已支付"的消息。一旦实体购物车的消磁商品的种类、数量与手机端的信息不符，或者存在商品未消磁的现象，实体购物车就会在通过专属通道时发出警报声，以避免出现偷窃行为。购物和支付环节完成之后，消费者可以不再排队，而是从专属通道离开（龚雪，2014）。

其次，通过在线App，消费者可以在家中下单或查看其他消费者对商品的评价，还可以进行在线投诉。为了方便消费者购买，在线App实现了柜台货架上所有实体商品的电子化，所有产品信息同虚拟商城同步，以便消费者进行选择、结算或者退换货。此外，在线App还记录了消费者浏览商品和下单商品的足迹，并通过大数据，将消费者的行为和喜好及时反馈给商家。这种方式不仅让商家能够为消费者提供精准化服务，还可以向消费者推送商品，这样不仅节省了消费者的购物时间，还改善了消费者的消费体验（韩彩珍和王宝义，2018）。

3. 实现线上线下的协同沟通

无论是线下的实体零售企业还是线上的网络零售企业，都直接服务于最终消费者，都与消费者进行直接的信息沟通，而不同的零售渠道信息的沟通方式也不尽相同，线下沟通主要通过消费者的实际体验和与销售人员的人际沟通，而线上沟通则主要是通过图片、文字和视频来展示的。因此，互联网环境下的线上和线下零售协同还包括顾客的沟通协同。

首先，考虑实体门店的具体位置和所在城市消费水平，同时结合周边消费人群和消费习惯等，优化商品结构和组合，建立完整的库存调查和销售系统，以确保线上线下能够同时同款同价。

其次，将线下实体购物体验和线上产品信息传播的优势结合，对二者的产品款式和价格组合进行合理安排，有利于提高品牌竞争力。根据店铺地理位置、供应渠道等特点，对商品组合和结构进行合理安排以及动态跟踪和实时管理，可以提高产品的吸引力（Paul，2001）。

再次，线上线下的协同需要采取同款同价策略，线上实现全库存展示，线下完成销售目标。通过在线查看全部商品的款式和种类，有利于让消费者看到单一门店无法看到的所有款式，将有限的门店空间扩展到无限的网络空间，为消费者提供更多的选择。因此，线上线下同款同价策略，能够规避线上不透明和线下传统模式的缺点，提高顾客的选择权和整体满意度。品牌可以通过线上数据统计分析以了解消费者的消费行为以及对不同产品的选择偏好，根据相关统计数据信息来制定相应的生产设计和销售策略。线下门店可以面对面了解消费者需求，及时反馈给设计部门，实现满足顾客需求的产品创新（Yan，2012）。

最后，线上和线下的沟通协同还需要注重相互的消费者导流。无论是线上营销还是线下营销，其根本目的都是为了给消费者提供商品与服务。线下零售品牌拥有大量消费者，应注意向线上平台的引流，实体店应具备网络、电子支付、自助支付等便捷服务功能，线上购物平台的折扣信息、优惠券等优惠活动应向消费者积极宣传。在线上购物的主要消费者为80后和90后等年轻群体，他们具有网络集群性、互动性和个性化等特点，在消费时经常会查看网络评论，并与客服进行互动以获取必要的信息。因此零售企业应在线上线下融合互动中，注重社交化、互动化和个性化等互联网创新要素的应用（陈红华和徐芬，2017）。

二、基于顾客价值的实体零售企业商业模式创新

（一）坚持以顾客价值创造为核心

顾客价值创造作为商业模式发展的核心，在商业模式创新路径研究中起到至关重要的作用。顾客是零售企业一切营销活动的出发点，因此顾客价值的创造更应该成为零售企业发展的关注重点。企业要想在同行业中具有竞争优势，光靠产品或服务质量是远远不够的，商业模式创新发展路径成为提高零售企业竞争力的有效途径。商业模式是一个企业发展的起点，如果企业不在宏观上对整体进行把握，技术再好、产品或服务再好、品牌再好也只是九牛一毛。企业要想更快地发展，不仅要以顾客为中心，更要遵循以顾客价值为核心的商业模式创新发展路径。只有以顾客价值为出发点，才能在商业模式上有所创新，给顾客带来更多的满意度。

（二）差异营销界定个性化的顾客价值

随着市场经济的迅速发展、人们生活水平的不断提高，顾客需求也越来越多样化，差异化程度显著。面对需求多样化的顾客，要根据顾客的个性化需求进行差异化营销，通过不同类型的产品定位和顾客服务，让顾客认可差异化营销所带来的个性化价值。基于顾客价值的差异化营销，不仅是商业模式创新路径发展的基础，还是企业满足顾客需求多样化的必要手段。

近年来，很多零售企业都意识到，有效的差异性营销也是零售企业转型升级的重要选择，很多百货店、购物中心正是通过有效的差异性营销避免了以价格战为主的同质化竞争（刘文纲和吕雪松，2020）。

对于实体零售企业的差异化营销而言，首先，需要实施差异化的市场战略，

在精准分析不同顾客人群的个性化需求的基础上，明确界定目标顾客的个性化价值，并制定零售企业自身的市场细分、目标人群选择和品牌定位战略。其次，需要基于目标顾客的个性化价值诉求，提供差异化的购物环境、商品组合和顾客服务，满足顾客个性化的购物体验。最后，实体零售企业需要充分利用现代的互联网沟通技术和大数据分析技术，为顾客提供个性化的会员服务、商品推荐和促销服务，同时鼓励顾客在购物过程中主动参与和信息分享，满足顾客个性化的情感价值诉求。

（三）跨界融合塑造多样化的顾客价值

而零售企业的差异性营销不仅仅是指产品的差异化，而更多的是指服务内容的差异化。近年来，随着零售领域的市场竞争日益激烈，很多零售企业都开始对自身的顾客服务内容进行优化和升级，在零售门店内提供餐饮、娱乐、社区服务等跨界服务，零售企业的跨界融合实践越来越多，跨界融合也是零售企业形成差异化优势的重要手段之一（路红艳，2017）。

零售企业的跨界融合与制造业的多元化又有所区别，零售企业的跨界融合可能并非由企业自身实施跨界经营，而是通过与其他服务提供商的跨界合作来实现服务功能的集成。通过跨界融合，不仅可以避免不同零售门店之间服务的同质化问题，而且也可以有别于其他零售商，进而实现差异化竞争。

实体零售企业的跨界融合可以有不同的策略，总结当前典型零售企业的做法，主要包括生活性服务业功能集成的融合模式；线上线下一体化的融合模式、供应链上下游服务集成的融合模式三种类型。其中，生活性服务业功能集成的融合模式，是指零售企业作为服务功能的集成平台，与餐饮、旅游、休闲娱乐、文化等服务业融合，营造体验化场景，形成的商旅文一体化模式；线上线下一体化的融合模式，是指零售企业将线上和线下业务打通，相互引流、同品同价；而供应链上下游服务集成模式，则是指零售企业开发自有品牌产品，通过协调供应商实现定制包销和敏捷制造，进而形成"零售制造商"的跨界模式（谢莉娟，2013）。

（四）顾客参与实现顾客价值共创

1. 重视顾客参与价值创造的感知价值

零售企业应重视顾客参与价值创造的感知价值，尤其是培养情感价值。在价值共创中，功能性价值是激励顾客参与的牵引条件，企业应创新对该过程的设计和管理，加深顾客对企业创造发展进程的功能性体验，使顾客充分融入价值共同创造；情感性价值是激发潜在顾客参与共同生产的积极因素，企业应重视其作为顾客感知实际情形的无形价值发挥的微妙而重要的作用。因此，在品牌建设中，企业要辅佐顾客进行价值的创造，让顾客获得更多的情感体验，以提升企业的品牌价值和品牌竞争力。

2. 强调顾客与品牌之间的交互式体验

零售企业强调顾客和品牌之间交互式体验的作用，打开顾客和品牌企业之间共同创造价值的"黑箱"。企业应将这种价值创造视为一种基于品牌能力的"动态和过程的概念"，通过顾客参与创造且在其与品牌之间的所有可能的接触点来获悉顾客的愿望和期望，以及通过互动、参与、对话和共享品牌价值观，将顾客带上创造价值的"便车"，让他们成为品牌价值创造的一部分。品牌权益展现的是一种品牌价值创造结果的个性化创造的效应函数，因此，企业应构建品牌价值创造和多利益相关者交互模式，通过创造个性化的生产体验提供与顾客互动的氛围，以及管理共同创造体验的质量实现跨多个交互渠道的价值创造。

3. 与利益相关者的合作价值共创

零售企业在经营过程中往往涉及品牌商、生产商、物流商、消费者等多个利益相关方。因此，零售企业应实现企业与利益相关者的合作、共享、价值创造，实现高质量的企业运营。零售企业服务营销逻辑的转变已将管理重点从企业的内部生产流程过渡为顾客和企业之间的互动创造，这意味着营销不只是单由企业制造产品，而是顾客参与创造和由此产生的使用价值。企业和顾客在互动时相互影响彼此价值的意义，在这个意义上，企业通过与顾客的交互开创了相互携手和共同创造的新视野。顾客共享的知识与企业生产的相互融合必定会为企业提供基于自身体验的想法和见解，顾客自己的用户生成内容越好，越容易受到企业的纳谏和青睐，在某种程度上会激励顾客与企业产生更多的互动，而且，企业与顾客的这种即时互动和交流频次越高，就越会增强企业与顾客之间的黏性，并且建立更加稳固的关系，提高顾客参与互动过程的创造者意图。

三、互联网环境下实体零售企业的供应链整合

（一）加强零售供应链的成本控制

1. 利用自营降低交易成本

我国的实体零售企业首先要补齐自营功课，目前来看，实际上是"联营为主，自营为辅"，零售企业需要脚踏实地，一步一个脚印转型，不要妄想一步登天。首先，零售企业应当追求有特色的服务风格，一点一滴改善自主经营服务的能力，转变为以自营为核心的新局面。其次，零售企业要加强承担风险的意识，认识到自有品牌的重要性，获得更强的资金实力，在把自己分内事情做好的前提下，提高大额销售采购量，并将经营主权掌握在自己手中（杜睿云和蒋侃，2017）。

与此同时，面对互联网的发展，实体零售企业需要融合线上线下，发展自营商业模式。在互联网时代，零售企业线上线下相融合使电商和实体彼此互利，同时零售企业需要从联营为主过渡到以"自营为主，联营为辅"的模式。互联网的优势与发展经验需要实体零售的借鉴与发挥，投入热情去尝试发展网络自营模式，将线上与线下资源进行结合，共同发挥其价值。实体零售创新转型不是转型到泡沫企业，而是线上线下融合大新兴自营市场主体。目前看来，实体店与网店的合作并未涉及零售的本质层面，绝大部分还处于凭借网络技术一起经营的层面。"互联网+"技术要加到零售转型的关键处，精准地分析客户需求应该凭借数据资源，为了减少经营风险与成本，市场主动权要掌握在自己手中，自主采购与研发，以及建立完整的采购、销售、物流以及体验服务体系。

2. 科学规划降低物流成本

零售企业的物流成本给企业带来很多无形的负担，诸如库存积压成本与配送成本，以及传统的仓储成本。要想既精确又正确地预测销量，就要借助大数据，对于线下零售企业来说，把货物合理地分配到线下门店，一方面使用户的产品体验得到改善，另一方面也令企业的物流成本得到削减（高喜乐、吴领威，2017）。当商品配送的时候，配送成本增加的原因可能源自客户的紧急配送等特殊配送需求。于是在配送之前做好规划，有条不紊地配送就显得格外重要。尽可能快速地使包裹送达顾客，使顾客体验到好的消费体验，在这个过程中，间接地降低配送成本。对内部库存进行有效的监测清点，有利于对储存物资数量和质量的掌握和控制，以实现最小的库存成本（Daher，2014；朱紫玉，2017）。

3. 提高坪效降低运营成本

对于处于线下的实体门店而言，对实体店单位时间内的人流量进行预测是店铺选址的前提，为了更精确地以目标客户群体为核心。要想提高产品的连带率，就要着手以技术层面提高产品之间的关联程度，以及追求颜值一致性。吸引顾客尽可能多地购买产品，为的是增加实体店单位面积的坪效，此外强化顾客对品牌的忠诚度来提高回购率（辜胜阻等，2014）。

4. 创新营销方式降低营销成本

减少营销成本的意义不是绝对的，而是相对的，也就是说营业收入的增长来自相对较低的营销成本。之前电商平台纯卖货的模式正在被体验营销方式缔结。零售业以"新零售"为背景，以数据这一新能源为核心，采用内容化和智能化的方式，目标是为了消费者获得更好的购物体验，让消费者更多地参与其中获得切身体验，不再单纯地追求从消费者身上获得更多的利益（郭燕等，2016）。

（二）加强实体零售企业的供应商管理

1. 策略采购打造供应商战略合作

策略采购是指零售企业通过产品设计开发过程的前期介入，加大与供应商的共同开发、共同成长，与主要供应商建立长期的战略合作伙伴关系。供应商培养和发展是实施战略采购的重要内容，企业要将质量、技术、财务等融入供应商的选择和采购过程中，并通过过程管理制度进行控制。企业在培养战略合作伙伴和供应商时，要针对新产品和特殊产品采购分包的要求，组织开展对供应商的专题培训，如质量理念和质量管理的培训、装箱质量要求培训等，帮助供应商提升质量管理方面的知识、提高员工的质量意识、健全质量检查机构，协助供应商建立完善质量体系，以此来保证产品质量（倪红卫，2021）。

2. 相互支持实现共赢

在互联网环境下，各个零售企业之间的竞争已经不再是单个企业之间的竞争，而是不同供应链系统之间的竞争。因此，实体零售企业需要不断加强与供应商的沟通和合作，并通过相互支持实现零售企业与供应商的共赢。

首先，将经营理念融入供应商评价与选择的体系中，寻找能够与零售企业具有共同经营理念的供应商，确保双方具有共同的目标，努力为顾客带来更高的购物价值（王涛，2011）。其次，科学规划零售企业与供应商的职能和利益分配，在更好地满足顾客各种商品和服务需求的同时，满足零售企业和供应商各自的利益。最后，加强与供应商的信息沟通，保持市场信息、顾客需求信息、产品信息的畅通，进而提高整个供应链的调整速度和环境适应能力（汤晓华，2012）。

（三）实施零售企业的供应链逆向整合

1. 源头直采

实现源头直采的供应链整合有助于实现商品供需信息在供给端和需求端的自由流动，这样并通过物流能力建设实现商品在供应商与门店间的直接流动。这样缩短了供应链的中间流程，减少了供应链的中间渠道成本，提高了整个供应链的运转效率。在这种模式下零售商整合了采购能力、分销能力、物流能力和信息能力，也形成了再中间化角色重构方向上的资源基础和功能拓展，因而实施源头直采模式拓展了其自身整合需求、聚合供给、物流连接供需、数据获取和信息共享的供应链功能。同时零售商通过实现源头直采模式，能形成对供应商的信息权力、认同权力、奖励和强迫权力的资源基础。

2. 品质定制

通过实现品质定制模式来提升供应链的运转效率，并获取差异化经营优势。

在这种模式下零售商整合的资源除了源头直采模式下所整合的采购能力、分销能力、物流能力和信息能力，还进一步整合了数据分析能力、商品开发能力、商品销售能力。品质定制模式不仅实现了再中间化角色重构方向上的资源基础和功能拓展，同时也实现了以数据为驱动的产品开发和产品营销的资源整合基础。品质定制拓展的功能除了包括源头直采模式下具有的整合需求、聚合供给、物流连接供需、数据获取和信息共享的功能，还拓展了数据分析、商品开发和精准营销功能。零售商通过实现品质定制模式除了能获取强化对供应商的信息权力、认同权力、奖励和强迫权力的资源基础，还能取得对供应商的专家权力的资源基础。

3. 自有品牌

零售商通过实现自有品牌模式可以获得供应链运转效率提升，拥有差异化的品牌经营优势，还能有助于零售商在行业内建立起差异化的竞争壁垒，提升企业的竞争能力和盈利能力。在这种模式下整合的资源除了品质定制模式下所整合的采购能力、分销能力、物流能力、信息能力、数据分析能力、商品开发能力和商品销售能力，还整合了品牌运营能力。自有品牌模式的建立不仅实现了再中间化角色重构和以数据为驱动的产品开发和产品营销的资源整合，还实现了品牌化运营的资源基础。自有品牌模式拓展的功能除了包括品质定制模式下具有的整合需求、聚合供给、物流连接供需、数据获取和信息共享、数据分析、商品开发和精准营销的功能，还拓展了品牌运营功能。同时零售商通过实现自有品牌模式相比品质定制模式能进一步地获得对供应商的法定权力的资源基础。

在互联网背景下，实体零售企业充分利用多种营销途径推广自有品牌。制造商品牌作为成熟品牌，不论是在品牌知名度还是在顾客忠诚度方面所达到的成绩是自有品牌远不能及的，自有品牌想要达到快速渗透市场的基础就是提高消费者对其产品的感知，而作为零售商的品牌在营销资源的投入上往往有限，甚至相当欠缺，为提高消费者对自有品牌产品的认知水平，就要充分利用零售商自身的优势，通过多种低成本途径来实现营销效果。

首先，零售商可以充分利用内部场地进行广告（Vale 和 Matos，2017）。广告手段多种多样，结合超市场地特征设计精美海报、展板，相对来说是一种成本较低、施行方便的方法。海报、展板等宣传工具是很多购买行为的先导因素，设计精美的海报会给消费者留下关于产品"高大上"的质量感知，或者引起消费者的美好联想，从而激起购买意愿。而且相比于加工工艺的改进、产品质量的提升，广告的宣传引导作用显得更为立竿见影（陈亮合、唐成伟，2011）。

其次，扩大促销规模也会起到广而告之的作用，而且不仅限于实际内场，零售商的官网、App 平台这些虚拟内场都可以利用。对于低质低价的产品充分利用自有品牌产品的低价属性搞促销，应该说是最有效结合产品特点因地制宜的策略。促销的规模除了体现在实体店散发宣传册的地理范围、涉及的促销产品种类和数量外，还体现在企业网站、移动客户端等媒介上的促销信息推广所占页面及停留时间上。

最后，充分利用销售前端收集的消费者画像，实现精准营销。零售商发展自有品牌一个极大的优势就是作为与消费者直接发生交易行为的一端，能够直接准确地了解到消费者的分布、偏好以及各种特征，庞大的会员系统还储备了海量高黏性顾客的信息，通过大数据技术的统计分析，能够得到清晰的消费者画像，这为零售商开展精准营销提供了优越的条件。在充分了解顾客的群体特征及消费需求后，开展有针对性的宣传推广，如向关注食品安全及健康的社区老年消费者推销主打新鲜健康的自有品牌生鲜产品，必然能够提升其购买意愿，达到事半功倍的效果（刘文纲，2016；刘海龙，2020）。

四、互联网环境下实体零售企业的经营策略

（一）优化店面组合满足顾客功能价值

消费者选择实体零售企业购物的直接原因仍然是面临着某一些功能需求，因此，如何以更低的成本和更便利的方式满足消费者的功能价值是实体零售企业商业模式构建的基础。

首先，实体零售企业在门店选址上要考虑目标顾客的购物便利性，能够保证消费者在较短的时间内就能触达所需要的产品。

其次，为顾客提供品类齐全的商品和优异的商品质量。品类拓展和更新齐全，是顾客方便购买的前提；产品的质量保证，是至尊体验的精髓。这些都建立在实体零售企业用心去把握顾客的需求，真心地去满足顾客的需求之上的。细分品类，细分人群，把商品的价值诠释出来，为顾客生活品质的提高提供服务。在触手可及的购物过程中，可以避免网络购物商品展示与实际购买带来的差异，是购买到眼见为实的优质商品带来的快乐冲击，也是品类齐全下真正体会到一站式购物的乐趣，这种好的体验给了顾客进店的理由。

最后，价格上兼顾顾客的利益。淘到价廉物美的商品是顾客在逛街时的理想状态，尽可能地控制好促销节奏，实实在在给出商品折扣的力度，这样就能给顾客一个更直观的价格视觉冲击，也给顾客带去更多的实惠以及营造良好的体验（Joseph，2008）。

（二）体验营销满足顾客情感价值

零售企业的本质是为顾客提供人性化的商品或者服务，坚持为顾客服务，提供周到的服务。以顾客为核心，实质就是以顾客价值为核心，顾客购买产品或服务的最终目的是为了满足使用者，从使用产品或服务中实现自我价值。在顾客需求多样化的时代，零售企业更应该注重顾客购买产品或服务的真实感受，亲身体验是重视顾客真实需求的一种方式。由此，企业可以采用体验营销与传统营销方式进行融合，采用形式、内容多样化的形式，满足顾客对于购物环境、信息获取等多样化的需求，利用体验营销，实现顾客的个性化定制。同时，零售企业也需要不断地挖掘顾客信息，发现多样化需求，以制定以顾客价值为核心的体验式营销策略。

首先，为消费者的购物过程提供贴心服务。购物不再是单纯的买卖产品，顾客在关注商品质量、价格的同时，更加注重情感的愉悦和满足。实体零售企业可以充分发挥现实接触的优势，注重细节，通过与顾客进行情感上的沟通，真心对待顾客，用真诚打动顾客。不以利益为驱动推销商品，而是为顾客选购到称心如意的商品。这种有别于一般消费的体验，强化了顾客的美好感受，留下了美好记忆，正是好的体验点（黄珍，2016）。

其次，干净舒适的店面环境，不仅要体现在第一眼的感觉上，更要体现在细节上；空间设计格局布置要合理，装修风格独具匠心，带给消费者有趣的体验；巧妙地使用灯光，带给人放松、安逸的感受；设置方便准确的导购指示标识，无论在楼层上还是具体到商品的摆放陈设上，让顾客逛得便捷舒心。购物过程的赏心悦目带给顾客好的体验（袁婷和齐二石，2015）。

（三）创新顾客服务设计

实体零售企业传统的服务项目无非是售前细致的产品介绍、售中周到的服务态度、售后保障沟通。但这些还远远满足不了顾客的需求，实体零售企业必须逐步完善服务内容。实体零售企业通过向顾客提供更完善的服务内容，降低顾客的时间成本、精力成本、心理成本，甚至包括货币成本，同时让顾客在心理上、经济上获得更多更实惠的利益（刘丽文，2002）。

运用新技术，打造企业与顾客互动服务营销平台。由于信息技术与互联网技术的广泛应用，营销模式发生了巨大变化。实体零售企业应充分运用新技术，创新服务营销模式，构造企业与顾客互动服务营销平台。通过自助式服务和遥控服务等互动营销模式，降低实体零售企业和顾客的互动成本，从而提升顾客感知的服务质量，增加实现家电企业的经济利益双赢目的的概率。自助式服务是顾客不依赖企业雇员而自行直接进行服务产出的技术平台。遥控服务系统是服务提供者远程监控、进入和维护顾客正在使用的物品。它是服务提供者及时发现商品存在的潜在问题，并提供实时养护的一种安全和可视的服务路径（白云伟，2011）。

在为顾客提供服务时，企业要认真对待客户的反馈，针对不同形式的反馈进行有效的解决，一方面满足客户的需求，提升企业形象和客户忠诚度；另一方面根据顾客的反馈，及时调整企业管理模式，提升企业的顾客服务能力（阴悦，2012）。对于很多企业来说，缺少客户反馈的途径和平台，客户的许多不满和反馈不能及时地表达出来，导致这些客户只能通过一些不理智的行为表达这些情绪。针对以上情况，企业应该在服务过程中，搭建客户反馈平台，为顾客提供一个表达个人情绪的机会，并引导客户理性地表达出服务过程中产生的不满情绪或者提出某些诉求。通过这一平台，既满足了客户的投诉需求，又能对企业服务工作中出现的问题进行及时、有效的处理（田宇和林亚少，2019）。

（四）整合顾客沟通策略

1. 树立企业鲜明的品牌形象

首先，当前的实体零售企业需要针对目标顾客群体进行精准定位。市场定位是塑造产品差异化形象的基础，商家只有形成自己产品独特的品牌个性形象，才能在众多品牌中脱颖而出，被消费者所深刻记忆并进行后续的良性口碑传播。其次，在此基础上，实体零售企业需要为自己塑造一个差异化的形象，通过采取聚焦战略，选取某一细分领域，针对该领域进行调研，了解消费者的需求，从而打造出针对该细分领域独具特色的产品。

2. 明确顾客沟通信息

在现实的购物场景中，消费者很多情况下均是通过产品外部宣传来了解产品的，却无法轻易辨别商家宣传的真实程度，这一方面是因为许多企业的营销策略聚焦不明，导致消费者对商家的外部信息宣传的内容产生模糊性认识；另一方面是企业为了营造产品效果，利用双关词语或者夸张性图片、文字说明来误导消费者，导致消费者无法对产品作出清晰明确的判断，这不仅会降低消费者的购买意愿，还会在购买行为过后产生挫败、失望的情感。

此外，随着科学技术的发展，各专业领域的新名词不断出现，而基于消费者的认知水平，可能无法准确理解该类词汇的内涵和所能体现的产品价值，特别是手机、笔记本等电子类产品，当该类词汇出现的频率过高时，会使消费者逐渐丧失信心，并产生紧张不安、逃避购买决策等心理状态，从而影响消费者的购物体验和购物价值。因此，企业在进行产品的外部宣传时，首先要做到目的明确，抓住消费者的购买心理，在此基础上，措辞合理，做到外部宣传与产品描述尽量一致。当进行产品说明时，更需要口语化、直白化，减少专业性用语的使用频率，尽量帮助消费者将专业用语翻译成易于理解的描述，使消费者对产品功能属性有最直截了当的认知，降低消费者的模糊困惑，从而提高消费者的购物体验和购物价值，最终转化为购买意愿以及正面口碑传播。

3. 控制沟通信息数量

如今，信息轰炸成为许多零售经营者进行商业宣传的必备方式。但是过量的信息宣传不仅会带来实体零售店宣传成本的增加还有可能对企业形象造成负面的影响。随着全民受教育程度的提高，消费者甄别信息真伪的能力也在不断增强。因此，企业的广告宣传应该注重信息的质量而非数量，在广告中突出产品的独特性，注重宣传产品的核心竞争力。另外，随着互联网技术的不断发展与应用，无所不在的广告已经使消费者不堪其扰，从而形成对广告的抵制甚至厌恶态度。因此，实体零售企业的广告宣传要更加注重质量和内容，例如另辟蹊径，采用生态化的模式营造消费者舒适的观看体验，或者采用走心的形式直达消费者内心深处，减少枯燥乏味又高强度的广告营销方式，从而减少消费者购物过程中的超载性困惑，避免消费者对商品产生抵制或者厌恶的情绪。

4. 多样化信息沟通渠道

（1）保证产品的信息质量。

产品的质量保证可以向消费者传递强烈的产品信息。因为企业所提供的具有约束力的产品保证将给企业带来较高的成本，这使得消费者有理由相信该产品是值得信任的。同时，企业依靠这种产品保证，也可以区别于竞争对手，避免消费者的逆向选择，提高自身的竞争力。企业做出的这种产品保证包括产品质量承诺书、产品包装、售后服务等（蔡亚轩，2012）。

（2）加大广告宣传的力度。

广告作为一种普遍的传统的促销方式，可以在一定程度上提高产品知名度，树立企业的良好形象，帮助消费者了解自身产品信息，并引导消费者需求，是一种有效的信息传递手段。同时要注意的是，要用简洁明了的方式传递给消费受众，这样才能使消费者做出购买行为。然后，开展新品推介会、新品发布会。企业在新产品上市前要做好充分的准备工作，应该充分利用新品推介会、新品发布会的契机，把新产品的质量特征、主要功效等信息传递给消费者，使消费者对产品信息有更进一步的了解以促进购买行为。

（3）提升人际沟通的专业性。

面对着日益复杂化和同质化的产品设计，很多消费者在购物过程中都会寻求他人的专业意见建议来降低认知偏差与感知利失，另外，通常消费者知道自己需要购买的产品以及产品应该具有的功能属性，但是却很难对该产品进行具体了解和进一步的甄别筛选，或者难以将自身需求与产品属性介绍相匹配。因此，作为实体零售经营者，如果经营的商品复杂程度较高，或者容易引起消费者的模糊性困惑，应当适量配备具有专业产品知识的营销人员，帮助消费者在购物过程中识别自身的具体需求，以此来筛选适合自己的商品。另外，以通俗易懂的方式对产品进行明确的比较，为消费者进行专业的产品讲解，从而降低消费者的模糊性困惑，提高消费者的购物体验和购物价值，指导消费者的购买行为，这样才会在购后行为中的口碑传播产生良好的口碑效应。

参考文献

［1］ Afuah A. Business models：A strategic management approach ［J］. Operational Research Society，2005，56（11）：13-43.

［2］ Albrecht E. ，Tawfik J. The converging business models of internet and bricks－and－mortar retailers ［J］．European Management Journal，2000（5）：542-550.

［3］ Al-Debei M. and Avison D. Developing a unified framework of the business model concept ［J］．European Journal of Information Systems，2010，19（10）：359-376.

［4］ Amit R，Zott C. Value Creation in E-business ［J］．Strategic Management Journal，2001，22（6/7）：493-520.

［5］ Anderson J. C. ，Narus J A，Van Rossum W. Customer value propositions in business markets ［J］．Harvard Business Review，2006，84（3）：90-99.

［6］ Anderson，Chris. The long tail ［M］．Hyperion：New York，2009.

［7］ Aoki K. ，Obeng E. ，Borders A. L. ，et al. Can brand experience increase customer contribution：How to create effective sustainable touch points with customers ［J］．Jounal of Global Scholars of Marketing Science，2019，29（1）：51-62.

［8］ Arboleda A. M. ，Alonso J. C. Consumer confusion choosing me－too snack packages ［J］．Academy of Marketing Studies Journal，2015，19（3）：15-21.

［9］ Atulkar S. ，Kesari B. Satisfaction，loyalty and repatronage intentions：Role of hedonic shopping values [J]. Journal of Retailing & Consumer Services, 2017, 39: 23-34.

[10] B. Schmitt J. J. Brakus, L Zarantonello. From experiential psychology to consumer experience [J]. Journal of Consumer Psychology, 2015, 25 (1): 166-171.

[11] Babin B. J. , Darden W R, Griffin M. Work and/or Fun: Measuring Hedonic and Utilitarian Shopping Value [J]. Journal of Consumer Research, 1994, 20 (4): 644-656.

[12] Babin B. J. , Griffin M. , Borges A. , Boles J. S. Negative emotions, value and relationships: Differences between women and men [J]. Journal of Retailing and Consumer Services, 2013, 20 (5): 471-478.

[13] Babin, Barry J. Darden, William R, Griffin Mitch. Work and/or fun: Measuring hedonic and utilitarian shopping value [J]. Journal of Consumer Research, 1994, 20 (4): 644-656.

[14] Babin B. J. , Chebat J. C. , Michon R. Perceived appropriateness and its effect on quality, affect and behavior [J]. Journal of Retailing and Consumer Services, 2004, 11 (5): 287-298.

[15] Baier D. , Frost S. Relating brand confusion to similarities and brand strengths through image data analysis and classification [J]. Advances in Data Analysis and Classification, 2017, 12 (1): 155-171.

[16] Barney J. B. Is the resource-based "view" a useful perspective for strategic management research? Yes [J]. Academy of Management Review, 2001, 26 (1): 41-56.

[17] Batra, Rajeev, Olli T. , Ahtola. Measuring the Hedonic and utilitarian sources of consumer attitudes [J]. Marketing Letters, 1991 (2): 159-179.

[18] Beverland M. , Lim E. A. C. , Morrison M. , Terziovski M. In-store music and consumer-brand relationships: Relational transformation following experiences of (mis) fit [J]. Journal of Business Research, 2006, 59 (9): 982-989.

［19］Biren P. Total value management-A knowledge management concept for integration TQM into concurrent product and process development ［J］. Knowledge and proeess Management, 2001, 8 (2): 105-121.

［20］Butz Howard E., Leonard D., Goodstein. Measuring customer value: Gaining the strategic advantage ［J］. Organizational Dynamics, 1996 (24): 63-77.

［21］Capron L., Mitchell W. Selection capability: How capability gaps and internal social frictions affect internal and external strategic renewal ［J］. Organization Science, 2009, 20 (2): 294-312.

［22］Chen J. S., Tsou H. T, Ching R K H. Co-production and its effects on service innovation ［J］. Industrial Marketing Management, 2011, 40 (8): 1331-1346.

［23］Chen K., Xiao T. Demand disruption and coordination of the supply chain with a dominant retailer ［J］. European Journal of Operational Research, 2009, 197 (1): 225-234.

［24］Chesbrough H. and Rosenbloom R. S. The role of the business model in capturing value from innovation: Evidence from Xerox corporation's technology spinoff companies ［J］. Industrial and Corporate Change, 2002, 11 (3): 529-555.

［25］Chesbrough H. Business model innovation: It's not just about technology anymore ［J］. Strategy and Leadership, 2007, 35 (6): 12-17.

［26］Chesbrough H. Business model innovation: Opportunities and barriers ［J］. Long Range Planning, 2010, 43 (2/3): 354-363.

［27］Chesbrough H. Open Business Models: How to thrive in the new innovation landscape ［M］. Boston: Harvard Business School Press, 2006.

［28］Christopher Martin. Value-in-use pricing ［J］. European Journal of Marketing, 1982, 16 (5): 35-46.

［29］Chuan P. Y, Zhen G., Zhang Y. L. Understanding new ventures' business model design in the digital era: An empirical study in China ［J］. Computers in Human Behavior, 2019, 95 (2): 238-251.

［30］Cohen M. Insights into consumer confusion ［J］. Consumer Policy Review,

1999, 9 (6): 210-214.

[31] Cooper J. Cognitive dissonance: Fifty years of a classic theory [J]. SAGE, 2007, 54 (5): 23-27.

[32] Cornish L. S, Moraes C. The impact of consumer confusion on nutrition literacy and subsequent dietary behavior [J]. Psychology & Marketing, 2015, 32 (5): 558-574.

[33] Court D., T. D. French T. I., Mc Guire M. Partington. Marketing in 3−D [J]. The Mckinsey Quarterly, 1999 (4): 6-17.

[34] Daher M. Overcome the cost challenge to private label sourcing [J]. Private Label Store Brands, 2014, 36 (2): 26-28.

[35] Danese P. Supplier integration and company performance: A configurational view [J]. Omega, 2013, 41 (6): 1029-1041.

[36] Demil B., Lecocq X. Business model evolution: In search of dynamic consistency [J]. Long Range Planning, 2010, 43 (2): 227-246.

[37] Ebina T., Kinjo K. Consumer confusion from price competition and excessive product attributes under the curse of dimensionality [J]. Ai & Society, 2017: 1-10.

[38] Eisenhardt K. M., Martin J. A. Dynamic capabilities: What are they? [J]. Strategic Management Journal, 2000, 21 (10/11): 1105-1121.

[39] Eric A., Richard B. Surviving in the digital era−business models of digital enterprises in a developing economy [J]. Info, 2019, (2): 164-178.

[40] Ertek G., Griffin P. M. Supplier and buyer−driven channels in a two−stage supply chain [J]. IIE Transactions, 2002, 34 (8): 691-700.

[41] Fernndez−Sabiote Estela RomnSergio. Adding clicksto bricks: A study of the consequences on customer loyalty in a service context [J]. Electronic Commerce Research and Applications, 2012, 11 (1): 36-48.

[42] Festinger L. A theory of cognitive dissonance [M]. California: Stanford University Press, 1962.

［43］ Forbis John L. , Nitin T. Mehta. Value－based strategies for industrial products ［J］. Business Horizons, 1981, 24 (5/6): 32－42.

［44］ Foxman E. R. , Muehling D. D. , Berger P. W. An investigation of factors contributing to consumer brand confusion ［J］. The Journal of Consumer Affairs, 1990, 24 (1): 170－189.

［45］ Foxman E. R. , Berger P. W. , Cote J. A. Consumer brand confusion: A conceptual framework ［J］. Psychology and Marketing, 1992, 9 (2): 123－141.

［46］ Garaus M. Confusion in Internet retailing: Causes and consequences ［J］. Internet Research, 2018, 28 (2): 477－499.

［47］ Garaus M. , Wagner U. Retail shopper confusion: Conceptualization, scale development, and consequences ［J］. Journal of Business Research, 2016, 69 (9): 3459－3467.

［48］ Garaus M. , Wagner U. Retail shopper confusion: An explanation of avoidance behavior at the point－of－sale ［J］. Advances in Consumer Research, 2013 (41): 407－408.

［49］ Garaus M. , Wagner U. , Kummer C. Cognitive fit, retail shopper confusion, and shopping value: Empirical investigation ［J］. Journal of Business Research, 2015, 68 (5): 1003－1011.

［50］ Gilovich T. , Kumar A. , Jampol L. A wonderful life: Experiential consumption and the pursuit of happiness ［J］. Journal of Consumer Psychology, 2015, 25 (1): 152－165.

［51］ Gimenez C. , Van Der Vaart T. , Pieter Van Donk D. Supply chain integration and performance: The moderating effect of supply complexity ［J］. International Journal of Operations & Production Management, 2012, 32 (5): 583－610.

［52］ Guido G. , Peluso A. M. , Capestro M. An Italian version of the 10－item Big Five Inventory: An application to hedonic and utilitarian shopping values ［J］. Personality & Individual Differences, 2015 (76): 135－140.

［53］ Hirschman E. C. , Holbrook M. B. Hedonic consumption: Emerging concepts, methods and propositions [J]. Journal of Marketing, 1982 (146): 92-101.

[54] Hoshino-Browne E., Zanna A. S. On the cultural guises of cognitive dissonance: The case of easterners and westerners [J]. Journal of Personality and Social Psychology, 2005, 89 (3): 294-310.

[55] Jansen J. J. P., Tempelaar M. P., Bosch F. A. J. V. D., et al. Structural differentiation and ambidexterity: The mediating role of integration mechanisms [J]. Erim Report, 2008, 20 (4): 797-811.

[56] Johnson M. W., Christensen C. M., Kagermann H. Reinventing your business model [J]. Harvard Business Review, 2008, 86 (12): 57-68.

[57] Johnson W. M., Christensen M. C., Kagermann H. Reinventing your business model [J]. Harvard Business Review, 2008 (12): 2-11.

[58] Jones C Kim S. Influences of retail brand trust off-line patronage clothing Involvement and website quality on online apparel shopping intention [J]. International Journal of Consumer Studies, 2010, 34 (6): 627-637.

[59] Joseph Pine B., James H. Gilmor. 体验经济 [M]. 夏业良译, 北京: 机械工业出版社, 2008.

[60] Kasabov E. What we know, don't know, and should know about confusion marketing [J]. European Journal of Marketing, 2015, 49 (11/12): 1777-1808.

[61] Kasper H., Bloemer J., Driessen P. H. Coping with confusion: The case of the Dutch mobile phone market [J]. Managing Service Quality: An International Journal, 2010, 20 (2): 140-160.

[62] Kawaf F., Tagg S. The construction of online shopping experience: A repertory grid approach [J]. Computers in Human Behavior, 2017 (72): 222-232.

[63] Kim D. B., Park M. J. Latecomers' path-creating catch-up strategy in ICT industry: The effect of market disparity and government dependence [J]. Journal of Entrepreneurship in Emerging Economies, 2019, 11 (2): 234-257.

[64] Kopp T., Riekert M., Utz S. When cognitive fit outweighs cognitive load: Redundant data labels in charts increase accuracy and speed of information extraction

[J] . Computers in Human Behavior, 2018 (86): 367-376.

[65] Kor Y. Y, Mesko A. Dynamic managerial capabilities: Configuration and orchestration of top executives' capabilities and the firm's dominant logic [J] . Strategic Management Journal, 2014, 34 (2): 233-244.

[66] Kruger J. , Vargas P. Consumer confusion of percent differences [J] . Journal of Consumer Psychology, 2008, 18 (1): 49-61.

[67] Leek S. , Chansawatkit S. Consumer confusion in the thai mobile phone market [J] . Journal of Consumer Behaviour, 2006, 5 (6): 518-532.

[68] Leek S. , Kun D. Consumer confusion in the Chinese personal computer market [J] . Journal of Product & Brand Management, 2006, 15 (3): 184-193.

[69] Lemke F. , Clark M. , Wilson H. Customer experience quality: An exploration in business and consumer contexts using repertory grid technique [J] . Journal of the Academy of Marketing Science, 2011, 39 (6): 846-869.

[70] Lemon K. N. , Verhoef P. C. Understanding customer experience throughout the customer journey [J] . Journal of Marketing A Quarterly Publication of the American Marketing Association, 2017, 37 (6): 69-96.

[71] Lomax W. , Sherski E. , Todd S. Assessing the risk of consumer confusion: Practical test results [A] . Springer International Publishing, 2015, 7 (2): 362-365.

[72] Lu A. C. C, Gursoy D. , Lu C. Y. R. Antecedents and outcomes of consumers' confusion in the online tourism domain [J] . Annals of Tourism Research, 2016, 57 (2): 76-93.

[73] Magretta J. Why Business model matter [J] . Harvard Business Review, 2002, 80 (5): 86-92.

[74] Martignoni D. , Menon A. , Siggelkow N. Consequences of misspecified mental models: Contrasting effects and the role of cognitive fit [J] . Strategic Management Journal, 2016, 37 (13): 2545-2568.

[75] Mason K. , Spring M. The sites and practices of business models [J] . In-

dustrial Marketing Management, 2011, 40 (6): 1032-1041.

[76] McGrath R. G. Business Models: A Discovery driven approach [J] . Long Range Planning, 2010 (43): 247-261.

[77] Mikalef P. , Wetering R. , Krogstie J. Building dynamic capabilities by leveraging big data analytics: The role of organizational inertia [J] . Information & Management, 2020, 6 (12): 189-202.

[78] Moliner M. , Sanchez J. , Rodriguez R. M. Callarisa L. Perceived relationship quality and post-purchase perceived value [J] . European Journal of Marketing, 2007, 41 (11/12): 1392-1422.

[79] Monroe K. B. Pricing - making profitable decisions [M] . New York: McGraw-Hill, 1991.

[80] Moon S. J. , Costello J. P, Koo D. M. The impact of consumer confusion from eco-labels on negative WOM, distrust, and dissatisfaction [J] . International Journal of Advertising, 2016, 36 (2): 1-26.

[81] Morris J. , Woo C. , Geason J. , Kim J. The power of affect: Predicting intention [J] . Journal of Advertisement Research, 2002, 42 (3): 7-17.

[82] Morris M. , Schindehutte M. , Allen J. The entrepreneur's business model: Toward a unified perspective [J] . Journal of Business Research, 2005, 58 (6): 726-735.

[83] Oh L. B. , Teo H. H. Consumer value co-creation in a hybrid commerce service delivery system [J] . International Journal of Electronic Commerce, 2010, 14 (3): 35-62.

[84] Osterwalder A. , Pigneur Y. , Tucci C. L. Clarifying business model: Origin, present and future of the concept [J] . Communications of the Association for Information Systems, 2005 (15): 1-25.

[85] Osterwalder A. , Pigneur Y. Business model generation: A handbook for visionaries, game changers, and challengers [M] . John Wiley & Sons, 2010.

[86] Overby J. W. , Lee E. J. The effects of utilitarian and hedonic online shop-

ping value on consumer preference and intentions ［J］．Journal of Business Research, 2006, 59 (10): 1160-1166.

［87］Özkan, Erdem, M. Tolon. The Effects of information overload on consumer confusion: An examination on user generated content ［J］．Bogazici Journal, 2015, 29 (1): 27-51.

［88］Ozkara B. Y., Ozmen M., Kim J. W. Examining the effect of flow experience on online purchase: A novel approach to the flow theory based on hedonic and utilitarian value ［J］．Journal of Retailing & Consumer Services, 2017, 37 (7): 119-131.

［89］Parasuraman. The Impact of technology on the quality-value-loyalty chain: A research agenda ［J］．Journal of the Academy of Marketing Science, 2000, 28 (1): 156-174.

［90］Park C. W., Bernard J. J., Deborah J. M. Strategic brand concept-image management ［J］．Journal of Marketing, 1986, 50 (10): 135-145.

［91］Paul Levinson. Digital Mcluhan: A guide to the information millennum ［M］．Routledge Publication, 2001.

［92］Payne A., Frow P., Eggert A. The customer value proposition: Evolution, development, and application in marketing ［J］．Journal of the Academy of Marketing Science, 2017, 45 (4): 467-489.

［93］Payne A., Storbacka K., Frow P., et al. Co-creating brands: Diagnosing and designing the relationship experience ［J］．Journal of Business Research, 2009, 62 (3): 379-389.

［94］Philip Kotler. Marketing management ［M］．Beijing: Tsinghua University Press, 2001: 11-12.

［95］Platania M., Platania S., Santisi G. Entertainment marketing, experiential consumption and consumer behavior: The determinant of choice of wine in the store ［J］．Wine Economics & Policy, 2016, 5 (2): 87-92.

［96］Pozzi A. The effect of internet distribution on brick-and-mortar sales

［J］. Rand Journal of Economics, 2013, 44 (3): 569-583.

［97］Pradhan S., Chai E., Sundaresan K., et al. Konark: A RFID based system for enhancing in-store shopping experience ［M］. International on Workshop on Physical Analytics, 2017.

［98］Prahalad C. K., Ramaswamy V. Co-creation experiences: The next practice in value creation ［J］. Journal of Interactive Marketing, 2004, 18 (3): 5-14.

［99］Pura M. Linking perceived value and loyalty in location-based mobile services ［J］. Managing Service Quality, 2005, 15 (6): 509-538.

［100］Ravald and Gronroos. The value concept and relationship marketing ［J］. European Journal and Marketing, 1996, 30 (2): 19-30.

［101］René Bohnsack, Pinkse J, Kolk A. Business models for sustainable technologies: Exploring business model evolution in the case of electric vehicles ［J］. Research Policy, 2014, 43 (2): 284-300.

［102］Richard L. Oliver. Value as excellence in the consumption experience ［J］. Journal of Business-to-Business Marketing, 1998 (5): 79-98.

［103］RippéCB., Weisfeld-Spolter S., Yurova Y., et al. Under the sway of a mobile device during an in store shopping experience ［J］. Psychology & Marketing, 2017, 34 (7): 733-752.

［104］Robert Olsson, Lars-Erik Gadde, Kajsa Hulthén. The changing role of middlemen: Strategic responses to distribution dynamics ［J］. Industrial Marketing Management, 2013, 42 (7): 1131-1140.

［105］Sabrina Schneider. How to approach business model Innovation: The role of opportunities in times of (no) exogenous change ［J］. R&D Management, 2019 (8): 399-420.

［106］Schifferstein, Hendrik N. J., Cleiren Marc. Capturing product experiences: a split-modality approach ［J］. Acta Psychologica, 2005 (3): 293-318.

［107］Schmitt B. H. Experiential marketing ［J］. Journal of Marketing Management, 1999 (15): 53-67.

[108] Schweizer M. , Kotouc A. J. , Wagner T. Scale development for consumer confusion [J] . Advances in Consumer Research, 2006, 33 (1): 184-190.

[109] Sheth J. N. , Newman B. I. , Gross B. I. Why we buy what we buy: A theory of consumption values [J] . Journal of Business Research, 1991, 22 (2): 159-170.

[110] Sheth J. N. Consumption values and market choice [M] . South-Western Publishing Co. , 1991.

[111] Shukla P. , Banerjee M. , Adidam P. T. Antecedents and consequences of consumer confusion: Analysis of the financial services industry [J] . Advances in Consumer Research, 2010, 37 (4): 292-298.

[112] Shultz T. R. , Lepper M. R. Cognitive dissonance reduction as constraint satisfaction [J] . Psychological Review, 1996, 103 (2): 219-240.

[113] Sirakaya-Turk E. , Ekinci Y. , Martin D. , et al. The efficacy of shopping value in predicting destination loyalty [J] . Journal of Business Research, 2015, 68 (9): 1878-1885.

[114] Sorescu A. , Ruud T. Frambach, Jagdip singh. Arvind rangaswamy and chery bridges, Innovation in retail business models [J] . Journal of Retailing, 2011 (1): 3-16.

[115] Spulber D. F. Market microstructure and intermediation [J] . Journal of E-conomic Perspectives, 1996, 10 (3): 135-152.

[116] Stanford R. Montgomery. The effects of social influence and cognitive dissonance on travel purchase decisions [J] . Journal of Travel Research, 2014, 54 (5): 102-106.

[117] Stiphen L. , Vargo. Robert F, Lusch. The four service marketing myths: Remnants of a goods-based, manufacturing model [J] . Journal of Service Research, 2004, 6 (4): 324-335.

[118] Suarez F. F. , Cusumano M. A. , Kahl S J. Services and the business models of product firms: An empirical analysis of the software industry [J] . Management

Science, 2013, 59 (2): 420-435.

[119] Sweeney J. C, Soutar G N. Consumer perceived value: The development of a multiple item scale [J]. Journal of Retailing, 2001, 77 (2): 203-220.

[120] Teece D. J. Business Models, Business Strategy and Innovation [J]. Long Range Planning, 2010, 43 (2/3): 172-194.

[121] Thakur R. The moderating role of customer engagement experiences in customer satisfaction-loyalty relationship [J]. European Journal of Marketing, 2019, 53 (7): 1278-1310.

[122] Timmers P. Business models for electronic markets [J]. Journal on Electronic Markets, 1998, 8 (2): 3-81.

[123] Tindara A. , Anna C. , Barbara A. , Demetris V. From knowledge ecosystems to capabilities ecosystems: When open innovation digital platforms lead to value co-creation [J]. Journal of the Knowledge Economy, 2021, 8 (32): 1-15.

[124] Tsay A. A. , Grawal N. Channel dynamics under price and service competition [J]. Manufacturing and Service Operation Management, 2000, 2 (4): 372-391.

[125] Vale R. C. D. , Matos P. V. Private labels importance across different store loyalty stages: A multilevel approach [J]. International Journal of Retail & Distribution Management, 2017, 45 (1): 71-89.

[126] Vargo S. L, Lusch R. F. Evolving to a new dominant logic for marketing [J]. Journal of Marketing, 2004, 68 (1): 1-17.

[127] Voss K. E, Spangenberg E. R, Grohmann B. Measuring the hedonic and itilitarian dimensions of consumer attitude [J]. Journal of Marketing Research, 2003, 40 (3): 310-320.

[128] Walsh G. , Hennig-thurau T. , Mitchell V. W. Consumer confusion proneness: Scale development, validation, and application [J]. Journal of Marketing Management, 2007, 23 (7/8): 697-721.

[129] Walsh G. , Mitchell V. W. The effect of consumer confusion proneness on

word-of-mouth, trust, and customer satisfaction [J]. European Journal of Marketing, 2010, 44 (6): 838-859.

[130] Weill P., Vital M. R. Place to space: Migrating to ebusiness models [M]. MA: Harvard Business School Press, 2001.

[131] Wobker I., Eberhardt T., Kenning P. Consumer confusion in german food retailing: The moderating role of trust [J]. International Journal of Retail & Distribution Management, 2015, 43 (8): 752-774.

[132] Wolfgang U. Customer value in business markets: An agenda for inquiry [J]. Industrial Marketing Management, 2001 (30): 315-319.

[133] Woodruff R. B. Customer Value: The next source for competitive advantage [J]. Journal of Academy Marketing Science, 1997, 25 (2): 139-153.

[134] Xiao T., Shi K., Yang D. Coordination of a supply chain with consumer return under demand uncertainty [J]. International Journal of Production Economics, 2010, 124 (1): 171-180.

[135] Yan J. S. A Study on the new model about culture marketing strategy [J]. Contemporary Logistics, 2012 (9): 370-374.

[136] Yim Y. C., Yoo S. C., Sauer P L, et al. Hedonic shopping motivation and co-shopper influence on utilitarian grocery shopping in superstores [J]. Journal of the Academy of Marketing Science, 2014, 42 (5): 528-544.

[137] Yip S. Using strategy to change your business model [J]. Business Strategy Review, 2004, 15 (2): 17-24.

[138] Yunus M, Moingeon B, Lehmann Ortega L. Building social business models: Lessons from the grameen experience [J]. Long Range Planning, 2010, 43 (2): 308-325.

[139] Zeithaml V. A. Consumer perceptions of price, quality and value: A means-end model and synthesis of evidence [J]. Journal of Marketing, 1988, 52 (7): 2-22.

[140] Zeithaml Valarie A., Parasuraman A., Berry leonard. Delivering quality

service，Balancing customer perceptions and expectations ［M］．New York：The Free，1990.

［141］Zhang J.，Jiang Y. X，Shabbir R，et al. Building industrial brand equity by leveraging firm capabilities and co-creating value with customers ［J］．Industrial Marketing Management，2015（51）：47-58.

［142］Zott C. and Amit R. Business model design and the performance of entre-preneurial firms ［J］．Organization Science，2007，18（2）：181-199.

［143］Zott C. and Amit R.，Massa L. The business model：Recent developments and future research ［J］．Journal of Management，2011，37（4）：1019-1042.

［144］Zott C. and Amit R. Business model design：An activity system perspective ［J］．Long Range Planning，2010，43（2/3）：216-226.

［145］安贺新，刘备，汪榕．旅游目的地游客购物体验影响因素的实证研究：基于北京、云南、四川部分景区的调查数据 ［J］．中央财经大学学报，2018（11）：96-106.

［146］白冰峰，高峻峻，姜壮．数字化创新驱动中国零售供应链协同 ［J］．清华管理评论，2020（12）：53-58.

［147］白云伟．基于顾客价值的零售业核心竞争力研究 ［J］．商业时代，2011，（23）：14-15.

［148］彼得·F. 德鲁克．创新与创业精神 ［M］．张炜译．上海：上海人民出版社，2002.

［149］伯恩德·H. 施密特．体验营销 ［M］．刘银娜等译．北京：清华大学出版社，2004.

［150］卜庆娟，金永生，李朝辉．互动一定创造价值吗？顾客价值共创互动行为对顾客价值的影响 ［J］．外国经济与管理，2016（9）：21-37.

［151］蔡春花，刘伟，江积海．商业模式场景化对价值创造的影响——天虹股份2007—2018年数字化转型纵向案例研究 ［J］．南开管理评论，2020，23（3）：98-108.

［152］蔡亚轩．企业市场营销活动中信息沟通的策略 ［J］．现代企业教育，

2012（14）：16-17.

［153］陈传红，李雪燕．网络购物节促销策略对消费者参与意愿影响及个人特征的调节作用［J］．管理评论，2021，3（33）：159-169.

［154］陈红华，徐芬．基于不同O2O模式的实体零售商融合策略——以步步高集团、永辉超市、天虹商场调研为例［J］．中国流通经济，2017，31（10）：81-88.

［155］陈佳乾．ASIS连锁超市供应链管理研究［D］．上海：华东理工大学，2018.

［156］陈凌峰，赵剑冬．大规模定制模块化形成机理研究：基于供应链协作视角［J］．技术经济与管理研究，2018（9）：3-7.

［157］陈声廉．互联网+时代中小型连锁超市商业模式转型探讨［J］．商业经济研究，2016（14）：23-25.

［158］陈同同．供应链成本管理中的问题及改善措施［J］．财会学习，2020，121-122.

［159］成海清．一种新的顾客价值层次模型［J］．软科学，2007（4）：21-24.

［160］崔鹏飞．基于业态的零售企业自有品牌成长路径研究［D］．北京：北京工商大学，2015.

［161］代立武．基于大数据的我国零售业与制造业互动关系实证研究［J］．商业经济研究，2020（3）．

［162］单凤儒，王通．基于"互联网+"公式的我国零售企业O2O商业模式创新机制与建模研究［J］．渤海大学学报（自然科学版），2015（3）：242-248.

［163］邓雯琴．网络购物情境下消费者困惑对消费者购买意愿的影响机制研究［D］．南宁：广西大学，2018.

［164］狄蓉，焦玥，赵袁军．新零售背景下零售企业供应链整合创新机制［J］．企业经济，2019（8）．

［165］丁宁，王晶．基于感知价值的消费者线上线下购买渠道选择研究

［J］．管理学报，2019，16（10）：1542-1551.

［166］董大海，权晓妍，曲晓飞．顾客价值及其构成［J］．大连理工大学学报，1999（4）：18-20.

［167］董大海，杨毅．网络环境下消费者感知价值的理论剖析［J］．管理学报，2008（6）：856-861.

［168］杜睿云，蒋侃．新零售：内涵、发展动因与关键问题［J］．价格理论与实践，2017（2）：139-141.

［169］范秀成，罗海成．基于顾客感知价值的服务企业竞争力探析［J］．南开管理评论，2003（6）：41-45.

［170］菲利普·科特勒．营销管理（第11版）［M］．梅清豪译．上海：上海人民出版社，2003：66-67.

［171］冯进展，蔡淑琴．虚拟品牌社区中契合顾客识别模型及实例研究［J］．管理学报，2020，17（9）：1364-1372.

［172］冯雪飞，董大海．商业模式创新中顾客价值主张影响因素的三棱锥模型：基于传统企业的多案例探索研究［J］．科学学与科学技术管理，2015（9）：138-147.

［173］冯雪飞，董大海，宋晓兵．企业商业模式创新中的顾客价值主张测度模型：基于华录集团的探索性研究［J］．管理案例研究与评论，2015，8（1）：45-56.

［174］高闯，关鑫．企业商业模式创新的实现方式与演进机理：一种基于价值链创新的理论解释［J］．中国工业经济，2006（11）：83-90.

［175］高金城．互联网+时代零售企业商业模式的创新发展趋势［J］．商业经济研究，2016（20）：106-107.

［176］高金余，陈翔．互联网环境下的企业商业模式概念和定位研究［J］．管理工程学报，2008（2）：152-154.

［177］高喜乐，吴领威．大型零售企业物流系统发展研究［J］．商场现代化，2017（13）：47-48.

［178］高振，冯国超．中国实体零售企业运营效率及其影响因素研究

〔J〕．商业经济与管理，2019（7）：19-31．

［179］龚雪．产业融合背景下零售业演化与创新研究〔D〕．成都：西南财经大学，2014．

［180］辜胜阻，方浪，李睿．我国物流产业升级的对策思考〔J〕．经济纵横，2014（3）：1-7．

［181］郭锐，陶岚．"蛇吞象"式民族品牌跨国并购后的品牌战略研究：跨文化视角〔J〕．中国软科学，2013（9）：23-27．

［182］郭燕，陈国华，陈之昶．"互联网+"背景下传统零售业转型的思考〔J〕．经济问题，2016（11）：71-74．

［183］韩彩珍，王宝义．"新零售"的研究现状及趋势〔J〕．中国流通经济，2018（3212）：20-30．

［184］郝身永．互联网+商业模式的多重竞争优势研究〔J〕．经济问题探索，2015（9）：41-45．

［185］何亿．基于"拉式"模式双渠道供应链的逆向整合研究〔J〕．商业经济研究，2017（1）：38-40．

［186］贺和平，周志民．基于消费者体验的在线购物价值研究〔J〕．商业经济与管理，2013（3）：23-26．

［187］贺和平，周志民，刘雁妮．在线购物体验研究前沿述评〔J〕．外国经济与管理，2011（10）：34-37．

［188］侯旻，张瑶，顾春梅．线上线下消费者购物体验比较研究〔J〕．统计与决策，2017（6）：12-15．

［189］侯娜，刘雯雯．新零售情境下企业动态能力如何影响价值链重构〔J〕．管理案例研究，2019（2）．

［190］黄嘉涛．顾客价值导向的品牌权益模型及实证分析〔J〕．财贸研究，2009（1）：125-132．

［191］黄培，陈俊芳．看安然公司的商业模式〔J〕．企业管理，2003（3）：50-51．

［192］黄体允．农超对接模式下生鲜农产品的物流优化探讨〔J〕．物流技

术，2013，32（9）：25-28.

［193］黄卫伟．生意模式与实现方式［J］．中国人民大学学报，2003（4）：77-84.

［194］黄珍，张嘉惠．网购环境下实体零售业顾客体验研究［J］．商业经济研究，2016（21）：65-67.

［195］贾文艺，张建华．浅谈专业商店的商品促销［J］．纳税，2019，13（6）：178.

［196］蒋廉雄，卢泰宏．形象创造价值吗？服务品牌形象对顾客价值—满意—忠诚关系的影响［J］．管理世界，2006（4）：106-114.

［197］焦冠哲．消费者困惑对消费者购买意愿的影响研究：感知价值的中介效应［D］．石家庄：河北经贸大学，2018.

［198］靳丹．旅游O2O的重点在于用户消费决策：专访蚂蜂窝CEO陈罡：用户大数据成就蚂蜂窝特价［J］．互联网周刊，2014（15）：56-57.

［199］柯艳莉．浅析新零售背景下零售企业供应链整合创新机制［J］．商场现代化，2020（4）：26-27.

［200］李朝辉，金永生，卜庆娟．顾客参与虚拟品牌社区价值共创对品牌资产影响研究：品牌体验的中介作用［J］．营销科学学报，2014（4）：109-124.

［201］李诚．零售业态演化规律研究：基于消费者成本和效用模型的分析［J］．北京市财贸管理干部学院学报，2008（3）：28-31.

［202］李春侠，张晓燕，刘稳稳．基于顾客价值的家电零售实体店服务营销创新策略［J］．开封教育学院学报，2015，35（12）：268-270.

［203］李飞，米卜，刘会．中国零售企业商业模式成功创新的路径：基于海底捞餐饮公司的案例研究［J］．中国软科学，2013（9）：97-111.

［204］李飞．全渠道服务蓝图——基于顾客体验和服务渠道演化视角的研究［J］．北京工商大学学报（社会科学版），2019（3）：1-14.

［205］李富．国外连锁超市供应链整合对我国农村连锁超市提高盈利能力的启示［J］．江苏商论，2008（6）：15-17.

［206］李冠艺，徐从才．互联网时代的流通组织创新：基于演进趋势、结构

优化和效率边界视角［J］．商业经济与管理，2016（1）：5-11.

［207］李慧．生鲜超市连锁经营的物流与供应链优化研究［J］．物流工程与管理，2014，36（8）：88-90.

［208］李佳敏，张晓飞．品牌感知价值对顾客重复购买意愿的影响：顾客情绪的中介作用［J］．商业经济研究，2020（18）．

［209］李娇娇．农超对接模式下生鲜农产品供应链优化研究［D］．成都：成都理工大学，2015.

［210］李伟，吴凤媛．消费升级背景下便利店的发展策略研究［J］．对外经贸，2020（11）：57-60.

［211］李伟卿，池毛毛，王伟军．基于感知价值的网络消费者偏好预测研究［J］．管理学报，2021，18（6）：912-918.

［212］李先江．公司创业导向、顾客价值创新与企业绩效的关系研究［J］．管理评论，2013，25（2）：60-69.

［213］李永发，李东．面临颠覆威胁的在位者商业模式重塑策略［J］．科研管理，2015（4）：145-153.

［214］李玉龙，李雪欣．传统大型零售企业"O2O"双重商业模式整合分析［J］．学习与实践，2015（2）：23-30.

［215］凌喜欢，辛自强．时间压力和产品价格对消费者百分比差异混淆的影响［J］．心理与行为研究，2014（1）：85-90.

［216］凌永辉，徐从才，李冠艺．大规模定制下流通组织的网络化重构［J］．商业经济与管理，2017，37（6）：5-12.

［217］刘海龙，许文，李雪．零售商自有品牌的市场价值、冲突与扶持对策［J］．商业经济研究，2020（2）：58-61.

［218］刘佳欣．新零售背景下流通供应链商业模式转型升级［J］．经营与管理，2020（3）：94-97.

［219］刘丽文．完整服务产品和服务提供系统的设计［J］．清华大学学报（哲学社会科学版），2002（2）：39-45.

［220］刘融．现代企业全面成本控制初探［J］．商业会计，2015（7）：

58-59.

[221] 刘天一，姚水洪．互联网+背景下无人超市 SWOT 分析及营销策略研究 [J]．物流科技，2020，43 (5)：73-75.

[222] 刘文纲．网络零售商与传统零售商自有品牌战略及成长路径比较研究 [J]．商业经济与管理，2016 (1)：12-20.

[223] 刘文纲，吕雪松．基于跨界融合的"千店千面"零售模式研究：以超市发的创新实践为例 [J]．北京工商大学学报（社会科学版），2020，36 (1)：14-26.

[224] 刘文纲，杨倩．零售企业自有品牌成长路径研究 [J]．商业研究，2011 (12)：35-39.

[225] 刘晓雪．竞争与共生：中国零售业态结构演变分析 [J]．北京工商大学学报（社会科学版），2009 (1)：1-5.

[226] 刘鑫，沈海泳，刘闻名．基于互联网的家具定制设计智能平台的构建研究 [J]．家具与室内装饰，2018 (8)：16-17.

[227] 路红艳．基于跨界融合视角的流通业创新发展模式 [J]．中国流通经济，2017 (4)：3-9.

[228] 罗珉，曾涛，周思伟．企业商业模式创新：于租金理论的解释 [J]．中国工业经济，2005 (7)：73-81.

[229] 罗青军，李庆华．顾客价值创新及其模式略论 [J]．商业经济与管理，2002 (2)：29-31.

[230] 迈克尔·波特．竞争优势论 [M]．北京：华夏出版社，1997.

[231] 孟凡美，罗先锋．开放生态视角下零售商价值重构研究 [J]．商业经济研究，2020 (7).

[232] 孟祥志．大型超市生鲜食品直采模式研究 [J]．现代营销（下旬刊），2016 (1)：116.

[233] 倪红卫．浅谈从供应商、供应链到供应网管理 [J]．质量方法，2021 (9)：71-73.

[234] 倪伟忠．新兴信息技术驱动的实体零售企业供应链重构：以盒马鲜生

为例［J］. 经济师，2019（6）：270-272.

［235］潘燕. 零售企业自有品牌连锁化的发展路径探索：来自日本的启示［J］. 商业经济研究，2018（6）：102-104.

［236］彭虎锋，黄漫宇. 新技术环境下零售商业模式创新及其路径分析［J］. 宏观经济研究，2014（2）：108-115.

［237］彭艳君，郝梦丽. 零售业中顾客参与服务创新对顾客满意度的影响研究［J］. 商业经济研究，2018（15）：33-36.

［238］漆礼根. 互联网环境下实体零售企业转型过程及协同发展［J］. 商业经济研究，2017（6）：88-90.

［239］屈丽丽. 苏宁"私享家""反向定制"解决用户痛点［J］. 商学院，2015（5）：50-53.

［240］任继玲. 基于价值链理论的成本控制研究［J］. 经济研究导刊，2007（12）：97-98.

［241］任娟. 零售百货企业商业模式要素组合创新［J］. 商业经济研究，2016（13）：160-162.

［242］沈鹏熠，万德敏. 全渠道零售体验价值共创行为：影响因素与驱动机制［J］. 中国流通经济，2019，33（7）：10-21.

［243］沈鹏熠，万德敏，陆淳鸿. 全渠道零售体验价值共创行为对品牌资产影响机理研究［J］. 中央财经大学学报，2021（6）：104-117.

［244］盛亚，吴蓓. 商业模式研究文献综述：兼论零售商业模式［J］. 商业研究，2010（6）：40-43.

［245］盛亚，徐璇，何东平. 电子商务环境下零售企业商业模式：基于价值创造逻辑［J］. 科研管理，2015（10）：122-129.

［246］宋光，王妍，宋少华. 施先亮全渠道零售策略下的供应链整合与企业绩效关系研究［J］. 中国总会计师，2019（2）：238-245.

［247］孙成旺. 中间商品牌挑战生产者品牌［J］. 经济论坛，1998（7）：12-14.

［248］孙杰，贾燕，孙欣怡. 消费者困惑对购买决策延迟的影响探讨

［J］．商业经济研究，2019（4）：70-72.

［249］孙静静．新零售背景下便利店发展现状及竞争策略研究［J］．中国商论，2020（24）：3-6.

［250］孙明贵，张高生，郭令秀．供应链/价值链中的顾客价值驱动结构分析［J］．软科学，2006，20（1）：27-31.

［251］孙永波，丁沂昕，王勇．价值共创互动行为对品牌权益的作用研究［J］．外国经济与管理，2018，40（4）：125-139.

［252］孙永波，高雪，刘晓敏．连锁超市价值链与商业模式创新关系实证分析［J］．商业研究，2016（4）：46-54.

［253］汤晓华．如何高效管控供应商［M］．北京：化学工业出版社，2012.

［254］陶玉琼．社区O2O商业模式发展策略探讨：基于要素比对模型［J］．商业经济研究，2019（12）．

［255］田红彬，杨秀云，田启涛．数字经济时代零售业态演化与企业绩效实证研究［J］．经济经纬，2021，38（2）：91-101.

［256］田宇，林亚少．基于工匠精神的酒店服务评价与创新：以三亚艾迪逊酒店为例［J］．商业经济，2019（12）：99-103.

［257］涂红伟，夏俊俊，郭功星．消费者困惑研究脉络梳理与未来展望［J］．外国经济与管理，2016，38（12）：46-58.

［258］万文海，王新新．共创价值的两种范式及消费领域共创价值研究前沿述评［J］．经济管理，2013（1）：186-199.

［259］汪旭晖．关于中国流通服务业自主创新问题的战略思考［J］．中国流通经济，2010，24（8）：13-16.

［260］汪旭晖，张其林．多渠道零售商线上线下营销协同研究：以苏宁为例［J］．商业经济与管理，2013（9）：37-47.

［261］王春霞，张明立，钱国明．顾客价值的确定和交付流程研究［J］．中国软科学，2006（1）：138-144.

［262］王福，王科唯．"新零售"供应链场景化价值逆向重构［J］．中国

流通经济，2020，34（2）：27-35.

[263] 王高．顾客价值与企业竞争优势：以手机行业为例［J］．管理世界，2004（10）：34-39.

[264] 王国顺，何芳菲．实体零售与网络零售的协同形态及演进［J］．北京工商大学学报（社会科学版），2013，28（6）：27-33.

[265] 王国顺，邱子豪．零售企业网上与实体零售的比较及协同路径选择［J］．财经理论与实践，2012（33）：110-113.

[266] 王建荣．临场感与网络消费者购买行为关联性分析［J］．商业经济研究，2020（8）：114-117.

[267] 王强，王超，刘玉奇．数字化能力和价值创造能力视角下零售数字化转型机制：新零售的多案例研究［J］．研究与发展管理，2020，33（6）：50-65.

[268] 王淑翠．基于顾客价值构建零售业复合价值链［J］．商业经济与管理，2006（10）：28-31.

[269] 王淑翠，荆林波．基于顾客体验视角的我国百货业商业模式创新［J］．商业经济研究，2014（12）：16-17.

[270] 王涛．供应商管理：寻找供应商金库的钥匙［M］．西安：陕西师范大学出版社，2011.

[271] 王小琴．基于不同业态比较的零售企业自有品牌发展路径探索［J］．商业经济研究，2017（18）：47-49.

[272] 王晓东．论我国工业品批发体系重构与完善［J］．经济理论与经济管理，2011（7）：99-105.

[273] 王晓明，谭杨，李仕明，沈焱．基于"要素—结构—功能"的企业商业模式研究［J］．管理学报，2010，7（7）：976-981.

[274] 王砚羽，苏欣，谢伟．商业模式采纳与融合："人工智能+"赋能下的零售企业多案例研究［J］．管理评论，2019（11）.

[275] 王作铁，李平．互联网时代"拉式"生产模式在企业供应链整合中的应用［J］．商业经济研究，2017（12）：76-78.

［276］魏江，刘洋，应瑛．商业模式内涵与研究框架建构［J］．科研管理，2012（5）：107-114.

［277］魏巍，卫海英．基于顾客价值的消费者行为模式探析［J］．现代管理科学，2011（6）：17-19.

［278］温碧燕，童梦诗．顾客感知购物价值构成维度及其与购物满意度的关系研究［J］．商业研究，2014（6）：45-47.

［279］武冬莲．价值创造理念下大型零售企业电子商务商业模式研究［J］．商业经济研究，2016（22）：58-59.

［280］武亮．零售业线上线下互动融合的机遇、经验与发展策略［J］．商业经济研究，2019（11）：69-72.

［281］武永红，范秀成．顾客价值导向的企业竞争力及其提升策略［J］．中国流通经济，2004（11）：52-55.

［282］武兆杰．大数据技术在电子商务 C2B 模式中的应用［J］．科技创新导报，2015（2）：55-56.

［283］夏清华．商业模式的要素构成与创新［J］．学习与实践，2013（11）：52-60.

［284］夏清华，冯颐．传统零售企业线上线下双重商业模式创新的冲突与协同：以苏宁云商为例［J］．经济与管理，2016（1）：64-70.

［285］项国鹏，周鹏杰．商业模式对零售企业绩效的影响：基于顾客价值创造视角的分析［J］．广东商学院学报，2013（1）：25-33.

［286］谢莉娟．互联网时代的流通组织重构：供应链逆向整合视角［J］．中国工业经济，2015（4）：44-56.

［287］谢莉娟．流通商主导供应链模式及其实现：相似流通渠道比较转化视角［J］．经济理论与经济管理，2013（7）：103-112.

［288］谢莉娟，庄逸群．互联网和数字化情境中的零售新机制［J］．财贸经济，2019（3）．

［289］谢筱．谈互联网时代流通组织的重构：基于供应链逆向整合视角［J］．商业经济研究，2016（16）：84-86.

［290］徐从才，丁宁．服务业与制造业互动发展的价值链创新及其绩效：基于大型零售商纵向约束与供应链流程再造的分析［J］．管理世界，2008（8）：77-86.

［291］徐迪，翁君奕．商务模式及其创新研究［J］．商业时代，2004（29）：43-44.

［292］徐广姝，张海芳．"新零售"时代连锁超市发展生鲜宅配的策略：基于供应链逆向整合视角［J］．企业经济，2017，36（8）：155-162.

［293］徐宏扬，金环．互联网经济下传统超市实体零售企业发展对策［J］．时代金融，2018（17）：180.

［294］徐佳敏．便利店未来格局之"变"［J］．人力资源，2021（13）：36-39.

［295］徐昱昕．我国便利店发展模式及问题分析：基于新零售视角［J］．环渤海经济瞭望，2020（6）：57-58.

［296］许红，刘楠楠，徐彪，束霞，金慧敏，汪芳．实体零售业转型新零售的成本控制路径研究［J］．时代金融，2018（15）：203-205.

［297］闫宁宁，李涛．基于"新零售"的我国传统零售企业转型探讨［J］．商业经济研究，2019（14）：104-107.

［298］闫星宇．零售制造商的模块化供应链网络［J］．中国工业经济，2011（11）：139-147.

［299］晏闪．"新零售"背景下电商的战略布局：以苏宁易购为例［J］．中国集体经济，2020（18）：60-61.

［300］杨俊，张玉利，韩炜，叶文平．高管团队能通过商业模式创新塑造新企业竞争优势吗：基于CPSED Ⅱ数据库的实证研究［J］．管理世界，2020，36（7）：55-77.

［301］杨龙，王永贵．顾客价值及其驱动因素剖析［J］．管理世界，2002（6）：146-147.

［302］杨智凯，宋源．零售业态变迁的内在驱动力研究：美国经验与中国实践［J］．上海管理科学，2006（3）：49-53.

［303］叶霏．零售企业发展互联网经营的对策研究［J］．商业经济研究，2018（2）：100-102.

［304］易加斌，张梓仪，杨小平，王宇婷．互联网企业组织惯性、数字化能力与商业模式创新：企业类型的调节效应［J］．南开管理评论，2021（12）：1-27.

［305］阴悦．发达地区农村零售业发展影响因素研究：以浙江省农村为例的实证研究［D］．杭州：浙江大学，2012.

［306］殷明．价值共创视角下零售商创新对品牌资产的影响研究：基于消费者参与的中介效应［J］．商业经济研究，2020（11）：82-85.

［307］于舒婷．大型超市生鲜食品直采模式研究［J］．经济研究导刊，2010（31）：233-234.

［308］袁婷，齐二石．价值共创活动对顾客价值的影响研究：基于顾客体验的中介作用［J］．财经问题研究，2015（6）：100-105.

［309］原磊．零售企业的商业模式创新［J］．经济管理，2009，31（3）：75-78.

［310］原磊．商业模式体系重构［J］．中国工业经济，2007（6）：70-79.

［311］约瑟夫·派恩，詹姆斯·H.吉尔摩．体验经济［M］．夏业良，鲁炜译．北京：机械工业出版社，2002.

［312］张昊．国内市场如何承接制造业出口调整：产需匹配及国内贸易的意义［J］．中国工业经济，2014（8）：70-83.

［313］张敬伟，王迎军．基于价值三角形逻辑的商业模式概念模型研究［J］．外国经济与管理，2010，32（6）：1-8.

［314］张琳．零售企业线上线下协同经营机制研究［J］．中国流通经济，2015（2）：57-64.

［315］张琳杰，李志．电子商务环境下大型零售企业商业模式的创新发展［J］．商业经济研究，2016（23）：85-87.

［316］张灵．基于战略顾客行为的不同权力结构下供应链绩效研究［D］．厦门：厦门大学，2014.

［317］张璐，周琪，苏敬勤，长青. 新创企业如何实现商业模式创新？基于资源行动视角的纵向案例研究［J］. 管理评论，2019，31（9）：219-230.

［318］张明立，樊华，于秋红. 顾客价值的内涵、特征及类型［J］. 管理科学，2005，18（2）：71-77.

［319］张明立，唐塞丽，王伟. 服务主导逻辑下品牌关系互动对品牌忠诚的影响［J］. 管理学报，2014（8）：1230-1238.

［320］张鸣，王明虎. 战略成本下价值链分析方法研究［J］. 上海财经大学学报，2003（4）：46-53.

［321］张启尧，孙习祥. 消费者困惑对绿色品牌购买意向影响研究：矛盾态度的中介作用［J］. 消费经济，2018，34（3）：80-87.

［322］张武康，郭立. 网络零售业态引入对零售企业绩效的影响研究［J］. 统计与决策，2015（12）：181-184.

［323］张欣. 商业模式的创新转型路径分析：基于"零售新物种概念"视角［J］. 洛阳师范学院学报，2021，40（11）：63-66.

［324］张艳. 中国零售商业模式研究［J］. 北京工商大学学报（社会科学版），2013，28（4）：31-37.

［325］张宇，韩春怡. 电子商务环境下营销渠道的管理［J］. 哈尔滨工业大学学报（社会科学版），2007（1）：109-212.

［326］章林. 信息技术、通信技术与企业纵向一体化［D］. 武汉：武汉大学，2017.

［327］赵占明. 消费品定制包销、差异化竞争和供应链逆向整合［J］. 产业与科技论坛，2016，15（15）：12-13.

［328］赵正洋，赵红. 国外消费者混淆研究综述［J］. 华东经济管理，2011，（4）：146-151.

［329］郑春晓. 新零售模式下价值共创与消费类企业经营绩效：感知价值的调节作用［J］. 商业经济研究，2021（6）：37-40.

［330］支慧. "互联网+"时代基于逆向整合的商贸流通组织重构路径探讨［J］. 商业经济研究，2017（6）：12-13.

［331］周建栋．供应链管理下的服装企业库存研究［J］．当代经济，2013（2）：72-73.

［332］周湘峰．基于顾客价值的营销策略探讨［J］．商业研究，2003（24）：143-145.

［333］朱世平．体验营销及其模型构造［J］．商业经济与管理，2003（5）：25-27.